高千穂峡で有名な宮崎県西臼杵高千穂町に鎮座する荒立《あらたて》神社。猿《さる》田《た》彦神《ひこのかみ》と天鈿女命《あめのうずめのみこと》を祭る。2021年12月、「霊査の旅」のメンバーは、この神社で初めて「猿田彦さん」と遭遇した。

伊勢・二見浦《ふたみがうら》の沖合に立つ夫婦岩《めおといわ》。さらに沖合の海中には霊石「興玉神石《おきたましんせき》」が鎮まる。2022年1月に「霊査の旅」メンバーがここを詣でたとき、梨岡京美《なしおかきょうみ》は霊石の上に降臨する「猿田彦さん」の姿をはっきりと霊視した。

富岡鉄斎筆「二神会舞《にしんかいぶ》」(1923年／東京国立博物館蔵／提供＝ColBase)。「天《あま》の八衢《やちまた》」で邂逅する猿田彦神と天鈿女命。『古事記』『日本書紀』の天孫降臨神話にもとづいて描かれたもの。梨岡の霊視では、「猿田彦さん」は大柄で、目はぎょろりとしていて眉は長く太く、鼻が大きいという。

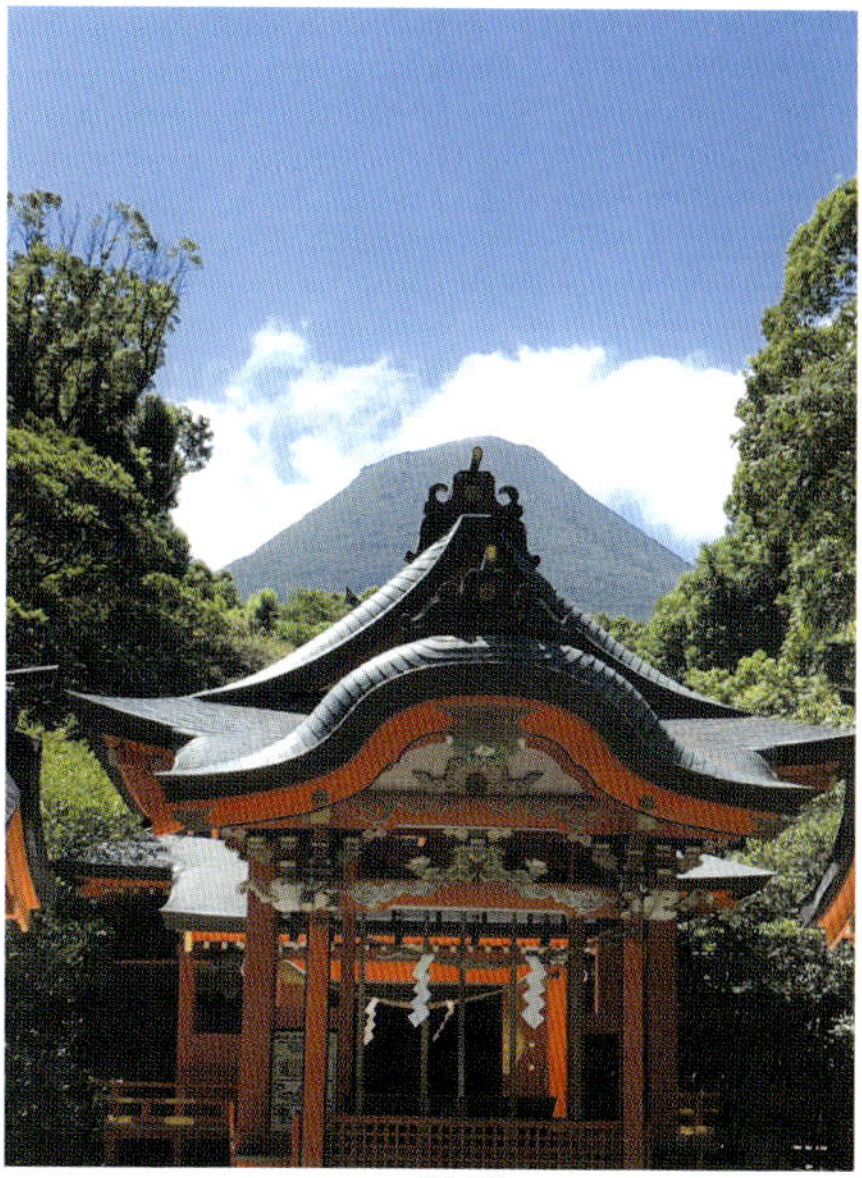

薩摩半島南端に鎮まる牧聞《ひらきき》神社。その向こうに見えるのは神体山の開聞岳《かいもんだけ》。2022年9月にここを詣でたあと、メンバーたちに「猿田彦さん」からの霊示が次々にもたらされた。どうやら猿田彦神は、南方系の海人《あま》族と深い繋がりがあるらしい。

霊査の古代史 2 猿田彦編 ◉ 目次

序　海の猿田彦

高千穂の荒立神社にて

われわれが初めて猿田彦天狗《さるたひこてんぐ》とコンタクトしたのは、霊査《れいさ》の旅が始まって間もない二〇二一年十二月十五日のことだ。

第一巻で書いたとおり、霊査の旅はこの年の夏七月から始まった。

七月の山形取材を皮切りに、奈良・吉野の旅、茨城・栃木・群馬を巡る関東天狗霊山の旅、福岡・大分・宮崎の霊山霊地を巡る九州の旅と取材を進めたが、この九州の旅で、霊媒役の梨岡京美《なしおかきょうみ》（鴻里《こうのさと》三宝大荒神社《さんぽうだいこうじんじゃ》社司、以下「京さん」）が、初めて猿田彦天狗の姿を霊視した。

猿田彦天狗は、「猿田彦命《さるたひこのみこと》」、「猿田彦大神《さるたひこのおおかみ》」、「猿田彦神《さるたひこのかみ》」など、さまざまに呼ばれているが、実際は天狗であって、神ではない。それについては追々書いていくが、ふだん私は「猿田彦さん」とお呼びしており、交霊でも、その神社の呼称に合わせたほうがよい場合を除いては、「猿田彦さん」という呼び方で話をさせていただいている。

本書もその呼称で書いていくことにするが、もちろん軽んじるような気持ちは微塵もない。猿田彦さんは深く崇敬している天狗の一柱であり、われわれ三人を導いてくださっている諸神霊（厳密にいえ

猿田彦神と天鈿女命を祭る荒立神社（宮崎県西臼杵郡高千穂町）。「霊査の旅」のメンバーはここではじめて「猿田彦さん」と出会った。

ば精霊というべきだが、精霊の多くは神として祭られ、信仰されているので、本書でもとくに断る必要のない場合は、神霊の中に天狗を含めて書いていく）のうちの主要な神霊だということを、あらかじめお断りしておく。

　われわれが猿田彦さんと初めて遭遇したのは、「猿田彦命」と「天鈿女命《あめのうずめのみこと》」を主祭神としている宮崎県西臼杵《にしうすき》郡高《たか》千《ち》穂《ほ》町の荒立《あらたて》神社だ。

　ただし、ここを訪れたおもな目的は、猿田彦さんや天鈿女さんではない。この旅で、われわれは記紀神話（『古事記《こじき》』『日本書紀《にほんしょき》』の神話）の舞台となっている九州の故地や、高天原《たかまのはら》から地上の日《ひ》向《むか》に天降ったと記紀神話が伝えている瓊々杵尊《ににぎのみこと》（天皇家の祖で神武《じんむ》天皇の曾祖父、以下「ニニギ尊」）の消息などを探ることが第一の目的だった。猿田彦さんが、ニニギ尊を天《あま》の分岐点で出迎えて地上に案内したと伝えられてきたことから、その関連で荒立神社を訪れたのだ。

このとき猿田彦さんは、京さんに姿を見せただけで、言葉は発しなかった。

「ゴッツい神様。猿田彦大神は力がすごい。荒ぶる神様」

京さんは、そこで霊視した猿田彦さんの様子をこう語ったが、それ以上の展開はなかった。

この時点で、京さんはまだ猿田彦さんが天狗だとは思っていなかったし、私も神と天狗の間で揺れており、確信はなかった。

姿は「金色の目、赤ら顔、下駄履き」

年が改まった二〇二二年一月十日、初遭遇からじき一ヶ月というこの日、われわれは不二《ふじ》宅で、次回の旅先である伊勢についての話し合いを兼ねた新年会を行っていた。

話が弾み、ちょうどよい具合に酒がまわってきたころ、京さんに突然の降霊があった。

「わっ！」と驚きの声をあげ、「いま、いきなり猿田彦さんが来たのよ」と言い出した。

まったく予期せぬ賓客の到来に、私も面食らった。

明日の夕方には伊勢に出発する。伊勢では、神宮を中心に広く三重県各所を回る予定になっており、猿田彦さんの本拠と考えられてきた二見浦《ふたみがうら》も取材予定に入っていた。それで出てきてくださったのかと思ったが、このころはまだ神霊のやり方が分かっておらず、出現した意味は不明だった。

取材に出る前、あるいは取材先が決まる前の時点で、神霊や人霊が姿を現すことがよくあるという

天降りする神々の前に姿を現した猿田彦神(左)。その横に進み出ているのは天鈿女命。猿田彦神に対するイメージの典型だが、梨岡が霊視した姿は、このようなイメージとは一致しなかったという。小林永濯画『鮮斎永濯画譜』より(国立国会図書館蔵)。

ことを、われわれはこれまでの霊査の旅を通じて、何度も体験した。彼らの側から言うと、われわれが来ることは「決まりごと」らしい。このとき猿田彦さんが姿を見せたのも、「待っているぞ」という知らせだったらしいのだが、この時点では、まだそうした認識はなかった。

この日、猿田彦さんが京さんに見せた姿はこうだった。

「目が金色でギョロッとしてる。眉毛は長くてボサボサ。毛が太いのよ。ゴッツい眉で、若干縮れてる。顔は赤くて、髪は真っ白の総髪。バサッとしてる。髪質も粗い。硬くて。……いまね、下駄を履いてます。姿は完全に天狗さん？　足がすごく筋肉質で、体は結構大きい。二メートルくらいあるかなあ。顔は三〇〜四〇センチ。鼻が大きい」

彼女は矢継ぎ早に、霊視像を描写した。

このときの印象――とくに金色の目、赤ら顔、下駄履きの姿から、京さんは、猿田彦さんは天狗なのではないかという思いを強くしたようだった。

金色の目とは、瞳が金色なのではなく、白目部分が金色になっている目をいう。この金眼は、すでに栃木の烏《からす》天狗の顕著な特徴としてわれわれの知識に加わっていたし、天狗がしばしば赤ら顔で現れることも分かっていた。天狗と下駄の深い関係については、のちに山形の天狗さんから教えられることになるのだが、このころはまだその知識はない。ただ、下駄が非常に古くからある履き物で、古代中国はじめ東南アジアなどの各地で、おもに農耕民らによって類似の履き物が用いられており、日本でも弥生時代には確実に下駄状の履き物が用いられていたことは分かっていた。

興味深いのは、下駄が山歩きにも用いられていたことだ。下駄に付いている二本歯のうちの一本を抜いて下山すると、下りるのが楽だという経験則が、古代にはあった。そのことは中国の古代文献に出てくるし、日本の山岳修験《しゅげん》もそうした使い方をしていたことは、修験道祖とされている役小角《えんのおづぬ》の図像に明らかだ。というより、霊査の旅で京さんがそうした一本歯の下駄を実際に何度も見ており、役小角霊も一本歯の下駄履きの姿で現れているのだ。

私は、現代最高の行者だった金井南龍《なんりゅう》が猿田彦さんを「猿田天狗」と呼び、天狗の仲間だと言い切っていたことは知っていた。けれども、世間で語り継がれてきた天狗像は、記紀神話で語られている猿田彦さんとは、なかなか結びつかなかった。

前巻で書いたとおり、天狗には、かつていちども肉体身をもったことのない「自然霊天狗」と、僧侶や山伏《やまぶし》などが、みずからの意思で人間を止めて化身《けしん》した「人霊天狗」がおり、世の中に伝わっている天狗のほとんどは、天狗界ではまったく位の低い人霊天狗だということが分かっている。

けれどもこの当時、まだそうした理解はできていなかった。天狗そのものの立て分けができておらず、世間流通の天狗像から離れられずにいた。そのため猿田彦さんについても、天狗と神との間で揺れ動いていたが、京さんが伝えた猿田彦さんの姿は、まさしく天狗だった。

どうやら天狗でまちがいなさそうだ——そんな思いを抱きながら、われわれは伊勢へと向かったのである。

「サダル＝先導する」神なのか

伊勢では、神宮内宮《ないくう》などで数々の驚くべき霊示があったが、それについては『伊勢神宮』の巻で詳述する。

諸処を回って二見浦を訪れたとき、不二宅で姿を見せてくれた猿田彦さんが、はっきり京さんの前に

伊勢湾岸の二見浦にある夫婦岩。この岩の先の海中に、猿田彦神ゆかりの霊石である「興玉神石」が鎮まっている。

現れた。そのときの記録はこうだ。

梨岡　海が見えてて、岩（興玉神石《おきたましんせき》）があって、そこに猿田彦大神が降りてる。リアルタイムで。

今井　海の中に下りているんですね。手前の岩（注連縄《しめなわ》を張った夫婦岩《めおといわ》）は関係ない？

梨岡　あれは関係ない。

今井　ただの目印？

梨岡　そう。……猿田彦大神様、生命力というか、力強さがすごくて。それで猿田彦大神様、こちらから、あの、導きよ。船の往来とか。ここで。ここの場所が。

不二　どこから来られたんだろう。

梨岡　どこから来られたんでしょうね。……それが謎なんですよね。

不二　うん。謎なんだよね。

今井　沖の岩（興玉神石）から生まれたわけじゃないんですか？

梨岡　全然違う。

今井　ただ降臨したんですか？　その岩に？

梨岡　（うなずく）

不二　（来たのは）南のほうじゃないかと僕は思ってるんだけど、どうですか？　ずっと南。

今井　ずっと南？

梨岡　ずっと南よ。

不二 日本じゃない？

梨岡 日本じゃない。

今井 天狗さんなんですかね？　日本じゃない天狗さん？

不二 東北の……だからいろいろ教えてくれてる山形の天狗さんとはもう別の——。

梨岡 まったく違う。

今井 違う……。

梨岡 根底が全然違う。

今井 どっちが位が上とか、そういったことはあるんですか？

梨岡 いやあ……。（後日、位置づけが判明するが、この時点では分からない）

今井 比べられない？

梨岡 山形の天狗さんは、天狗の中でもほんとにもうトップクラスで、位が高くて、いろんな術を教えたり、薬草のことを教えたりするけど、ここの猿田彦大神はそんな神様では全然ないのよ。だから、あー……山形の天狗さんは見方を変えたらいろいろ身近な神様、天狗さん。

今井 身近？

梨岡 まあ、極端な言い方すればね。

今井 人に近いとか。

梨岡 うん。だけどここの猿田彦大神様、そんなんじゃない。

不二 なにか猿田彦大神からメッセージはないですか？

梨岡　……やっぱりここってね。猿田彦大神様、海と関係してててね。海の導きの神、航海の神様。船とか。……そういったのと、なんか関係あるみたい。

不二　いまここにいらっしゃるわけではない？

梨岡　いま私がリアルタイムで見えるってことは、やっぱりここに居てるんでしょうね。ここからいろいろこう……。

不二　動いてる。

（場所を移動し、二見興玉《ふたみおきたま》神社の社務所で猿田彦さんの画像を見たあとで）

不二　猿田彦大神は違う顔だよね。

梨岡　全然違う。

今井　どっち系の顔なんですか？

梨岡　日本人じゃない。アジア系。南方の人の顔立ちという感じ。

今井　彫りは深い？

梨岡　ちょっと深い。

不二　猿田彦大神に伺ってもらいたいんだけど、お名前にサルがついてて、猿といろいろ関係付けてる説も多いんだけど、猿と関係ないんじゃないかと僕は考えてるんです。猿と関係はありますか？

梨岡　ない。

不二　「サルタヒコ」ではなく、「サダルヒコ」ではないですか？　サダルというのは、「先に立つ」とか「先導する」とか「案内する」もそれなんですが、「サダル」っていう日本の古語があって、それがまだ生きてるのは沖縄だけなんです。それで、名前のこともあわせて、南のほうから来られた神様じゃないかなと、僕は思っているんですが。

梨岡　そんな感じ。

「海系」としての猿田彦

ごく短いものだが、このときのやりとりが、猿田彦さんとの初めての会話だ。

現在とは違い、当時の京さんはまだ言葉の取次ぎがスムーズではなく、神霊の言葉を素早くよどみなく伝えることはできていなかった。

交霊の相手が人霊なら、その霊が何を求め、何を訴えたいのか、話の内容が京さんにはスムーズに分かる。だからやりとりが滞ることもない。けれども神霊世界だと、そうはいかない。

人霊が語る内容は、おおむね通俗的な人間世界の延長だが、神霊の場合は人霊とはまったく異なった世界、異なった立ち位置や視点からの話になる。そのため、何を言わんとしているのか、京さんの理解が追いつかないことが多々ある。

まして古代史とのからみや、神話とのからみとなればなおさらなのだが、われわれ霊査の旅の目的は、まさにそこに置かれている。神霊側もそれを知っているので、その時点でわれわれの理解が届く範囲でしか、話をしない。そうした状態が、二年近く続いたのだ。

このときの猿田彦さんのメッセージも、やはりそれだった。

けれども、二見浦におけるこのやりとりを改めて読み返すと、重要なメッセージは、すでにここでほぼすべて出てきていることが、いまなら理解できる。とりわけ重要なのは、猿田彦さんが「南方」系だということ、および「海の導きの神」ということだ。

私も含めて、ほとんどの人は、天狗を「山」の存在としてイメージしている。それはそれで正しいのだが、天狗には「海」系の方もいる。働きはまったく違う。

猿田彦さんは、まさしく海系だった。そのことを、われわれは三年間の取材を通して確認した。しかも、猿田彦さんは、日本の天狗でもなかったし、記紀神話で描かれているような神霊でもなかった。猿田彦さん自身からそれらのことを逐一確認し、どういうルートで渡来したのかまで伺うことができたのは、今年（二〇二四年）八月のことだ。

以下、順を追って書いていきたい。

第一章　導きの神・猿田彦の真実

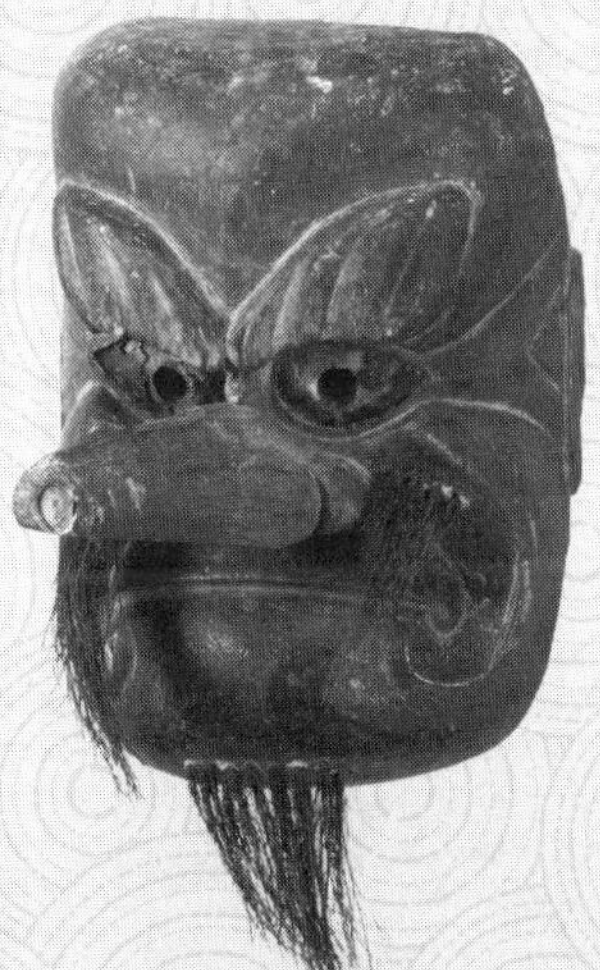
猿田彦面（18世紀／九州国立博物館蔵／提供＝ColBase）

一　猿田彦との遭遇

九州南端・枚聞神社での霊示

二〇二二年九月、われわれは三回目の九州の旅を行っていた。

大分・福岡を回ってから鹿児島に移動し、鹿児島、宮崎を取材して帰京するという四泊五日のハードな取材旅で、鹿児島では霧島神宮や高千穂峰《たかちほ》などを中心に霊査して回る予定だった。けれども、その途中で取材予定を変更し、当初は行く予定のなかった薩摩半島南端の枚聞《ひらきき》神社まで足を延ばした。

神霊の取材では、現地での変更はよく起る。今井さんが希望するときもあれば、私が希望することもしばしばで、事前に予約している宿にもどれる範囲なら、行き先は柔軟に変わる。

薩摩半島の南端、鹿児島県指宿市に鎮座する枚聞神社。

このときわれわれは、自分たちの意思で変更したと思っている。けれどだいたいは神霊側からの無言の〝誘導〟だということが、後日はっきりするのである。

枚聞神社は九州の端にある由緒ある古社だ。明治以降、政府によるいびつな神社行政と宗教人らのご都合主義から、主祭神が開聞神《ひらききのかみ》から天照大神《あまてらすおおみかみ》にすげ替えられているが、アマテラスさんとは関係がない。ここはほんらい「薩摩富士」の異名をもつ鹿児島きっての霊山・開聞岳《かいもんだけ》を神体山とする、海の神と山の神を祭ったヤシロであり、われわれはその縁に引かれて訪れた。

海の神は、山の神と並ぶこの国で最も重要な自然神だ。この取材以降、次から次へと海神界の情報がもたらされてくるのだが、それについては後続の『海神《わたつみ》編』で詳述する。

海と枚聞神社の関わりはきわめて濃厚で、京さんは龍宮や龍神を見せられた。彼女が龍宮を霊視したのは、この神社が最初だったと思う。

その後、海沿いに国道二二六号線を走り、開聞岳が遠望できる瀬平《せびら》公園（鹿児島県南九州市頴娃町《えいちょう》）で、いったん車を

瀬平公園から望む開聞岳。薩摩富士とも呼ばれる鹿児島の霊山である。

停めて外に出た。開聞岳や南の海が一望できるこの場所に近づく車中で、猿田彦《さるたひこ》さんがいきなり京さんに接触してきたからだ。以下、当日の記録を引こう。

梨岡　さっきの神社、あれ（なんだっけ）？

不二　枚聞神社。（猿田彦さんは）あそこにもご祭神でいらっしゃるんですか？

梨岡　（はっきりうなずく）

不二　いらっしゃいますか？

梨岡　いまここに来て分かった。

今井　えっ？　誰がいるんですか？

不二　猿田彦さんが。

今井　猿田彦さんが？

梨岡　猿田彦大神さんが。大神様、南から来たの。それであそこ（枚聞神社）でお祭りされてた。でね、あそこから――。

不二　あそこから、渡って？

梨岡　渡って、伊勢に行ったのよ。で、やっぱりね。道開き、海開きの神様なのよ。

不二　うんうんうん。

梨岡　こっちから（眼前の大洋を指さしながら）。南のほうから来て、あそこ（枚聞神社）にお祭りされて。

不二　伊勢の、二見浦《ふたみがうら》の石（興玉神石《おきたましんせき》）の上に現れたでしょ？

梨岡　あ、はいはい。
不二　あれは、こちらから向こうに——。
梨岡　行って。
不二　移られた？　ふーん……。あのー、猿田彦さんのご本霊は、南のほうの神様ですか？
梨岡　南のほうの神様。南の神様です。
今井　南のどのへんですか？
梨岡　……分かんないなあ。
今井　沖縄？　東南アジア？　インド？
梨岡　東南アジア系じゃないかなあ。日本じゃないのよ。
不二　日本ではない。お顔も日本じゃないものね。
梨岡　この神様、日本じゃなくて、南から連れてこられたの。
今井　連れてこられた？
梨岡　うん。自分で来たかどうかは分からないけど、南から来たのよ。
不二　向こうから渡ってきた人たちが、お祭りしながら連れてきたっていう意味かな？
梨岡　うん、そうです、そうです。

猿田彦さんは南方系の神（天狗）の可能性があるという話は、序で書いたとおり、二見浦ですでに出ていた。そこからさらに突っこんだ話が、瀬平公園でいきなり飛び出してきた。

もちろんこの時点で、それが本当のことだと断定できる材料はなにもない。正直なところ、私もまだまだ半信半疑の状態で、内心さらに突っこんだやりとりが必要だと考えており、機会ごとにその作業を継続した。ただし、私が継続したというのは正確ではない。猿田彦さんのほうで、それができる機会と場所を設けてくれたのだ。

話は横道にそれるが、そうした機会の端的なケースについて述べておきたい。

知多の荒熊神社にも降臨した猿田彦

この鹿児島取材の翌年（二〇二三年）六月、私は名古屋市の近隣都市で会社経営をしているK氏から、会って話をしたいとのメールをいただいた。不二龍彦の読者で、私のアドレスは、かつて私が仕事をしたことのある某出版社から教えてもらったとのことだった。

メールのやりとりで、きちんとした常識のある方だということが分かったので、後日、東京でお会いした。その場で出てきたのが、荒熊《あらくま》大神という、世間的にはまったく無名の神を主祭神とする荒熊神社（愛知県知多《ちた》郡南知多町山海高座《やまみこうざ》）だった。

K氏は、荒熊神社は清水清元《せいげん》という女性行者だった方が宮司《ぐうじ》を務めているが、彼女の師匠が少年時代に神隠しに遭っており、八年ほど音信不通のまま、山中修行に明け暮れていたそうだと教えてくれた。島田覚正《かくせい》という名のその師匠は、「龍神などとも親しく交流し、水の上などもスタスタと歩いたそうです」とK氏は言った。この数年、天狗系の諸霊を軸に調査に明け暮れていた私は、K氏の話を聞いて大いに心を動かされた。

島田行者の霊術は、まぎれもなく天狗系だ。しかも私の知るかぎり、たいがいの神隠しには天狗が関係している。神隠しは、近年まったく聞かれなくなったが、そのごく最近の実例が、ひょっとしたら得られるかもしれない。おまけに数十年も行者修行に明け暮れてきた弟子が、九十七歳のいまも現役で、荒熊神社の宮司をしており、自身の体に神を降ろして託宣しているというのだ。思わず興奮し、ぜひ宮司さんに話を伺いたいとK氏に依頼した。

この月は、少し前に葛城《かつらぎ》・伊勢志摩から尾張に至る諸国の霊査の旅に出ており、東京にもどったばかりのときだったので、当初、私はK氏に案内してもらい、一人で知多の荒熊神社に伺おうと思っていた。ところが何かの用事でまだ東京にいた京さんと会った際、ふとこの話をしたところ、「私も行く」と即座に宣言し、「すぐにも行きましょう」と私をせっついた。

京さんが熱心に尻を叩いたこともあり、結局、霊査の旅のメンバー三人で荒熊神社におじゃますることにし、同月二十三日、K氏の案内で、われわれは荒熊神社の参拝に向かった。

この初めての参拝で、なぜわれわれが荒熊神社に「呼ばれた」のか、理由がはっきりした。神社に着く前、駐車場に車を停めたところで、われ

上空から見た愛知県の知多半島。左下側の沿岸中央付近に荒熊神社が鎮座する。

荒熊大神を祭る荒熊神社の宮司・清水清元氏。大正15年(1926)生まれ。何十年も厳しい修行に努めてきた稀有の女性行者である。

われにはなじみ深い一人の神霊が、京さんの前に唐突に姿を現したからだ。

その神霊は猿田彦さんだった。

「猿田彦さんが!?」——三人は声をそろえて驚いた。なぜここに、という思いが渦巻いた。

荒熊神社の主祭神は、荒熊大神と呼ばれている神のはずだ。にもかかわらず、出てきたのは猿田彦さんだ。どういうことだろうといぶかりながらも、われわれはまず主祭神にご挨拶すべく、赤い鳥居の続く急坂の参道を登り、山頂の本殿でご挨拶申し上げた。するとまたしても驚いたことに、そこでわれわれを出迎えてくれたのが猿田彦さんだったのである。

荒熊神社での交霊は後の章で詳しく書くが、このとき猿田彦さんは、この神社で荒熊大神として祭られているのは自分の分霊で、その分霊がここの神社を預かっているということや、K氏を使ってこの地に引き寄せたのは自分だということなどを伝えてくれた。つまり猿田彦さんが、より詳細な話をするための場と機会を、K氏という未知の人を使って設けてくれたのである。

この荒熊神社での交霊で、猿田彦さんに関する数々の疑問が解けていった。

自分は天狗であって、神ではないということも、この神社で猿田彦さんご自身からはっきり伺うことができた。

さらに、他の場所でも、猿田彦さんは、世の中にはまったく知られていない驚天動地の情報を開示してくれた。その締めくくりとして、東京の京さんの事務所に猿田彦さんの来臨を願い、これはまちがいなく猿田彦さんだと確認できる霊が来てくださったので、どうしても確認しておかねばならないことどもを親しく教えていただいた。

事務所における交霊は、例外的なことだった。

霊査の旅は、あくまで現地に足を運び、その場で神霊やその土地の地霊、そこで活動していた人霊、残存念（場が記憶している過去の思い）などと接触することが決まり事となっている。土地も樹木も、ときにはその場の大気までもがメッセージを伝えているということを、ほとんどの人は知らない。だからこそ、取材は現場でなければ、本当のことは分からない。神霊からも、そのように教えられているし、われわれもそれを実地で確認し続けている。

自分の家や道場、特定の神社などに座りこみ、さまざまな霊をその場に呼び寄せて話を聞くというのは、きわめて不確かで危うい方法であり、どれだけ形式を整えたところで、正しい情報は容易にはもたらされない。むしろさまざまな詐話が吹きこまれる可能性が高い。

足を運ぶということ、それ自体が行《ぎょう》であり、古来変わらぬ作法だ。だからこそ山岳行者たちは、くりかえし山に足を運んだ。同じ山でも、何回、何十回となく登拝《とうはい》した。座して神霊の教えをこうむるなどという無精はしなかった。それが誤ったやり方だと分かっていたからだ。

われわれも、現場に足を運ぶというやり方を愚直に守ってきた。だから、いよいよ猿田彦さんについて書く段となり、京さんが高知にもどる前にどうしても確認しておかねばならないことが多々あって、やむなく事務所に来臨を願ったのは、まったく初めてのことだった。

猿田彦さんは、受けてくださった。そこで二見浦や瀬平公園以来の最も肝心な情報を、しっかりと確認させていただいた。猿田彦さんが南方から来たことや、猿田彦さんを奉じつつ、太平洋の黒潮に乗って日本にやってきたイレズミを体に刻みこんだ人々（海人族《あまぞく》）のこと、猿田彦さんが仕えてきた覚《かく》南《なん》さんという西日本の大天狗の出自のことなどが、逐一確認できた。

猿田彦さんは南方系の神（天狗）だということは、こうした過程を踏んで確かめてきたのである。

実はニニギ尊とは無関係だった猿田彦

話を二〇二二年九月の交霊にもどそう。

猿田彦さんが、南方から海を渡ってこの国にやってきたという話に続いて、交霊の話題は記紀の天孫降臨神話へと移っていった。

神話によれば、猿田彦さんは、ニニギ尊が高天原から降臨してくる途中の、道がいくつにも分かれている場所（天の八衢《あまのやちまた》）に立っていた。その光り輝くさまはすさまじく、高天原から葦原中国《あしはらのなかつくに》（日本）までを照らしていた。その正体が不明なので、何者なのか尋ねてくるようにと、天照大神がウズメ命に命じた。そこでウズメ命は猿田彦さんのところまで出向くと、「胸乳《むなち》を露出させ、裳《も》のひもを臍《へそ》の下におし垂れて、あざわらいながらその神に向かって立った」。

「天の八衢」での猿田彦神とウズメ命。ウズメ命は胸を露わにして向かい立った。富岡鉄斎筆『二神会舞』より（東京国立博物館蔵／提供＝ColBase）。

それから二人は問答を交わし、猿田彦さんが「天照大神の御子神が降臨されるとうかがったので、お迎えするためにこうしてお待ちしているのだ。私の名は猿田彦大神だ」と名乗った。猿田彦さんの正体と、天の八衢に立っていたわけが明らかになったので、ニニギ尊の一行は猿田彦さんの先導のもと、「筑紫《つくし》の日《ひ》向《むか》の高千穂《たかちほ》の槵触之峯《くしふるのたけ》」に下り、猿田彦さんは「伊勢の狭長田《さながた》の五十鈴《いすず》川《がわ》の川上」に帰った。帰還に際しては、ウズメ命が送り届けた——以上が『日本書紀』「神代下・第一の一書《あるふみ》」に描かれた猿田彦神話だ。

この神話を踏まえたうえで、瀬平公園での交霊の続きをみていこう。

不二　天孫降臨の舞台は九州で、猿田彦さんが案内した、導いたってことになっていますが——。

梨岡　(不二の質問を途中で遮って)そうなのよ。

今井　えっ、そうなの？

梨岡　そうなの。(断定)

不二　前にお話を伺ったときには、そういうふうなこと(先導)はしたけれど、それはいまの天皇家の祖(ニニギ尊)とは違うというようなことを——。

梨岡　全然違う。

不二　違う⁉

梨岡　全然違う。天皇さんとは全然違います。

不二　導いたのは、九州にいた力の強い神様かなにかですか？

梨岡　そうです。

今井　ニニギじゃないんですか？

梨岡　じゃなくて、別の神様。……ちょっと待って。ニニギの神様ってどういうの？

今井　天照大神の孫とされてる、天孫降臨の天孫というのがニニギ尊です。神話では、猿田彦さんが導いたとされている——。

梨岡　その神様、違う。

右の会話では、猿田彦さんが「別の神様」を導いたとなっているが、導いたのは「神様」ではなく人間の集団だ。身内もふくめた多くの人々を引き連れて日本に渡来し、在地の大豪族となった有力者のことを言っている。

そうした有力者の道案内は確かにしたが、それは後にニニギ尊と伝えられたような人物とはまったく無関係だということを、猿田彦さんは伝えてきたのだ。

記紀の天孫降臨神話への疑念

このことは、実はこの年の初めに三重県松阪《まつさか》市の阿射加《あざか》神社に伺ったときに聞かされている。『古事記』によれば、猿田彦さんは海に潜って漁をしている最中、比良夫貝《ひらぶがい》に挟まれて溺死した。そのとき生じた三種の泡から生まれた神（猿田彦さんの分霊）を祭っていると伝えられてきたのが阿射加神社で、市内には大阿坂町《おおあざかちょう》の阿射加神社と、小《こ》阿坂《あざか》町の阿射加神社の二つの論社（いずれが『延喜《えんぎ》式《しき》』記載の神社かで意見が分かれている神社）がある。両社に参って霊査した結果、大阿坂町の阿射加神社では猿田彦さんの感応は一切なく、われわれのあいだでは、小阿坂町のほうが明らかに猿田彦さ

三重県松阪市小阿坂町にある阿射加神社。猿田彦神を祭る。

んの分霊を祭る神社だという結論に至っている。

その阿射加神社で、われわれは猿田彦さんと出会うことができ、私は「ニニギ尊を導いたとする神話は事実でしょうか？」と尋ねている。猿田彦さん本人に直接ニニギ尊の件を尋ねたのは、このときが最初だ。

「猿田彦さん、『うーん』というお顔をされてる」――京さんが言った。渋い顔、つまり「そうではない」という意思表示だ。重ねて尋ねた。

「ということは、何かの神様を八衢まで迎えに行って導かれたのはそのとおりだとしても、迎えたのはニニギ尊ではないということですか？」

こう問いかけると、即答があった。

「（ニニギ尊では）ない！　ない、ない！　猿田彦さんは神様をお迎えしたり、導いたり、コトの始まりを起す神様なので、神様をお迎えしてここに行くとかあそこに行くとかはあるんだけれど、天皇家のニニギさんを、というのは『それは違う』とおっしゃってます」

つまり、天孫降臨神話は、そもそも事実ではないということなのである。

それが本当のことかどうか、これだけでは判断がつきかねた。そこで私は、角度を変えて別の神霊にも尋ね、種々の検証も重ねた。そうして訪れた九州の瀬平公園で、先の霊示を得たのである。

記紀神話は、天皇の系譜を一本に繋いでいる。けれども、それがまったくの虚構だということは、もはや確実のように思われた。

先に書いたとおり、私はくりかえし各所で問いかけを続けてきたが、驚くべきことに、まったく出自や所属の異なる霊や神霊の言葉が、この点では不思議なほど一致していた。齟齬《そご》はなかった。

お断りしておくが、私はたった一度、霊から聞かされたというだけで、それを鵜呑みにするほどおめでたくも、若くもない。霊査の旅における私の役割は「疑うこと」だ。メンバーや、われわれを導いてくれている諸神霊とも、その点はしっかり合意ができている。

だから私は、細部にわたる質問をくりかえし諸霊に投げかけるという作業を続けてきた。イレズミ、土器、馬具、祭祀の祭物、祭祀の形式、地形、墳墓や古墳など、私からの問いかけは、その時代の内実を探る上で不可欠なものが中心で、騙《かた》り霊や狐狸《こり》でも適当に答えられるような漠然とした質問はまずしない。そのため、取次ぎをしている京さんには、私からの質問は、およそチンプンカンプンなものばかりになる。そしてそれは、私の願うところでもある。彼女の無意識にあるだろう混雑した知識というノイズを除けることができるからだ。

われわれはこの流儀で旅を続け、これまで複数回にわたって、崇神《すじん》天皇、垂仁《すいにん》天皇、神功《じんぐう》皇后、継体《けいたい》天皇と呼ばれている霊との交霊も行ってきた。もちろん、すべて御陵や関連神社、関連の霊地などの現場でだ。

詳細は続巻で順次書いていくが、ここで断言できるのは、過去、畿内の王権は最低でも三回、出身の異なる大豪族（いずれも渡来系ということは確認済みだ）によって交替を重ねてきたということだ（実際にはもっと多いというほぼ確実な見込みがあるが、現時点では確認できていない）。

霊査からいっても、また考古学その他の史料からいっても、これは動かしがたい事実だと、われわれは確信している。

万世一系は完全な創作物だ。そして、万世一系という〝妄想〟の源流に位置してきたのが、右の天孫降臨神話であり、ニニギ尊の曾孫とされてきた神武《じんむ》天皇による東征神話（九州の日向《ひむか》から東進して畿内のナガスネヒコを斃《たお》し、ヤマト王権を樹立したという神話）なのである。

伊勢神宮で知らされたアマテラスと天皇家の本当の関係

初代天皇とされる神武以降、現皇室に至るまで、天皇家のDNAは男系によって連綿と継承されてきたという〝フィクション〟は、数多くの神霊によってあからさまに否定されている。中でもその最たるものが、伊勢神宮における霊言だ。

二〇二二年一月、われわれは伊勢取材を行っていた。いま書いている九州取材の八ヶ月前で、先に記した阿射加神社における交霊も、この旅でのものだ。

一月十二日に外宮《げくう》や内宮《ないくう》などを巡拝したが、内宮では京さんに付いている霊（おそらく指導霊）から、やってくる時間が「遅い」という指導があった。

巡拝コースの都合で最初に外宮方面から参り、それから内宮に向かったので、伺ったときには午前十一時になっていた。まだ午前中ではあったが、それでも遅くてだめだという。

いま思えばこのお叱りは当然で、神社に詣でるときは、まずその神社の主祭神にお礼とご挨拶をすることから始めなければいけない。それを教えられたのは、伊勢神宮内宮の別宮《べつぐう》の月読宮《つきよみのみや》だ。

月読宮を中心とする神域には、右から順に月読荒御魂宮《あらみたまのみや》、月読宮、伊佐奈岐宮《いざなぎのみや》、伊佐奈弥宮《いざなみのみや》の四別宮が横一列に並んでいる。神宮側は、月読宮、月読荒御魂宮、伊佐奈岐宮、伊佐奈弥宮の順に参拝することを勧めているので、われわれも月読宮から順にお参りしようとした。すると京さんが、イザナミ大神を祭るいちばん左端の伊佐奈弥宮から呼びつけられ、「お参りは（ここで）いちばん高い神様であるイザナミ大神のお宮からです」と、神霊からじかに注意された。

京さんを呼んだ神霊が、イザナミ大神の御分霊か、お付きの神霊か、あるいは京さんの指導霊かは不明だ。位の高い神は、人間に向かって名乗ることなどはしないので、このときわれわれに注意をうながしてくれた神霊の素性も不明だが、とにかく四棟の別宮が並ぶ月読宮で最初にお参りすべきは、神宮側が勧めている月読宮ではなく、端の伊佐奈弥宮だと指摘されたのである。

これを伊勢神宮全体にあてはめると、最初に詣でなければならないのは、外宮の豊受大神《とようけのおおかみ》ではなく、内宮の天照大神ということになる。われわれが行った外宮から内宮は、順序が逆だったのだ。

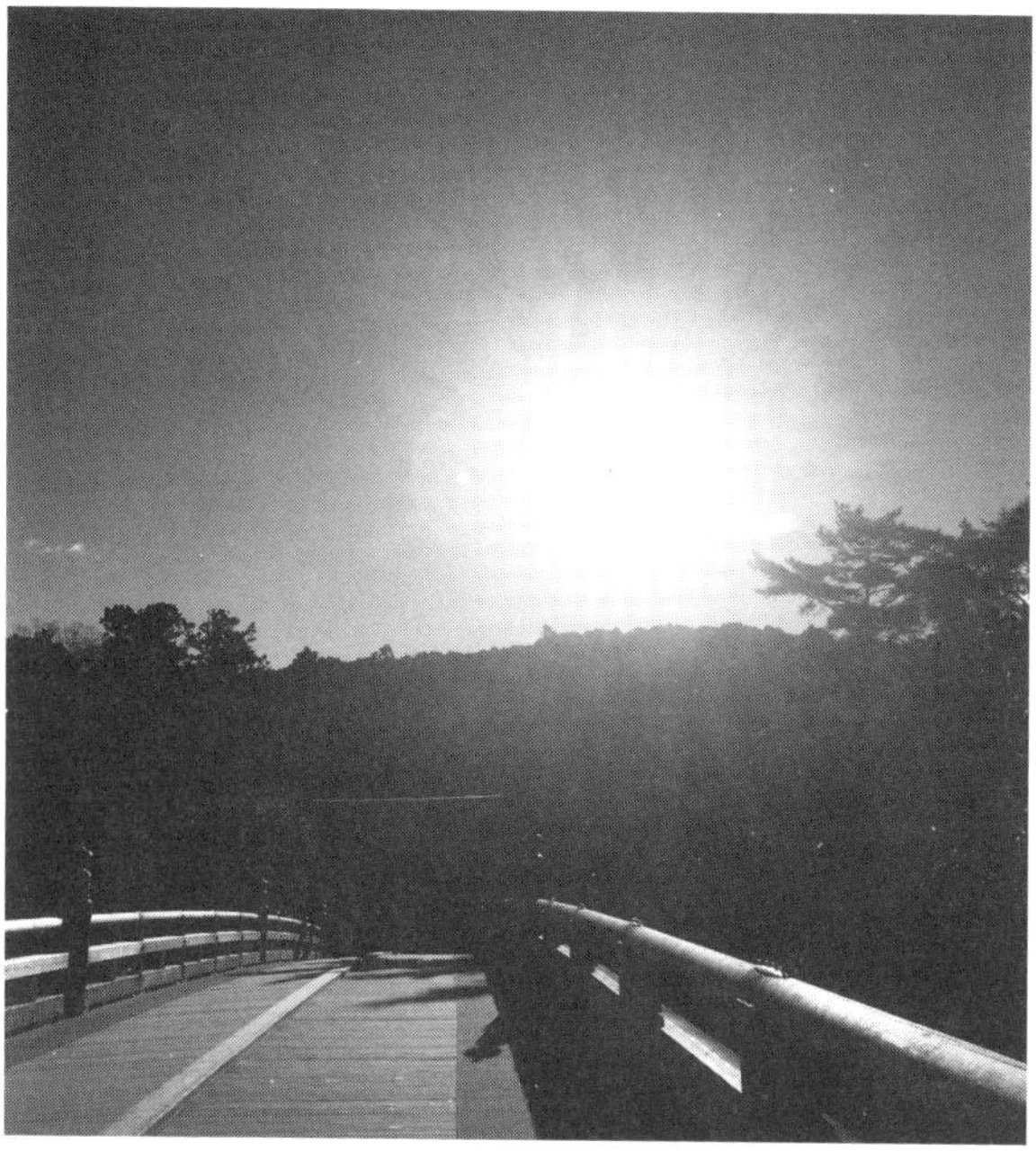

伊勢の宇治橋。伊勢神宮内宮境内を流れる五十鈴川にかかる。アマテラス信仰の本源である。

内宮での取材は失敗だった。交霊どころの話ではなく、収穫はゼロだった。やむなく他の取材予定地を巡り、翌十三日も予定されていた場所を回って宿にもどった。

この日の京さんは、いつになく疲れきっており、夕食も食べられないからこのまま寝ると言って、自分の部屋にもどった。

私は今井さんと二人、宿に付属する横の食堂で一杯やりながら、今後のことを話し合った。神宮取材は、はかばかしくなかった。そこで「今回の取材では（伊勢は）書けないな」と率直な感想を述べ、翌日は朝イチから移動して阿射加神社などのある松阪方面に行く予定だったが、「まず朝イチで内宮に行きたいんだ。どうだろう」と相談した。今井さんの同意を得たので、京さんには明朝予定変更を伝えることにし、われわれも早めに切り上げて自室にもどった。

翌朝、ロビーで待っていると、京さんが昨日とは打って変わった元気な足取りで下りてきた。そして、私が予定変更のことを告げるより先に、いきなり興奮した調子で、こう話し出した。

「昨夜、そのままベッドに倒れ込むように寝ちゃったのよ。それでウトウトしてたら『こんなんじゃ書けないよ』って先生（不二）の声が突然聞こえてきたの。そりゃそうだよなあ、困ったなあと思ってたら、天照大神様が私の部屋に来て、『明日の朝一番で来るように』って。もうびっくり！」

あきれたことに、京さんは夢うつつで私と今井さんの会話を霊聴し、われわれが翌日内宮を再訪することまで、天照大神を介して知らされていたのである。

予定どおり、われわれは朝一番で内宮に詣でた。この日は前回と違い、すっと天照大神が現れてくださった。そこで数々の驚嘆すべき話をじかに伺うことができたのだが、それについては後日の『伊勢神宮編』に譲り、ここでは神宮と天皇家の関係についてのみ、録音記録から引いておく。

不二　昭和天皇は戦時中、重ねて伊勢に参拝して戦勝祈願をしています。あのとき、大神は発動なされなかったんですか？

梨岡　そうです。そんなことでアマテラスさんは発動しません。

不二　アマテラスさんがそうおっしゃってる？

梨岡　そうです。「そんなことで動かない」って神様は言ってます。戦争するとか人を傷つけるとかいうことのために、神様は動きません。

不二　昭和天皇は敗戦後、天照大神に戦勝を祈ったことは自分の過ちだったと思うと側近に漏らしています。昭和天皇が思ったとおり、戦時中の戦勝祈願は過ちだったと？

梨岡　そうです。

今井　アマテラスさんは天皇と関係があるんですか？

梨岡　まったく関係ない！　まったく関係ない！　みんながウソを言ってるから。アマテラスさんは全然違うのよ。天皇が天孫だというのは後付《あとづ》けのこじつけ。全然違う。

不二　アマテラスさんがそうおっしゃる？

梨岡　そう。おっしゃってるの。断言できる！

詳しくはまた別の機会に書くが、京さんの部屋を訪れたり、ここでわれわれに情報をもたらしてくれた女神の天照大神は、実は神という存在ではない。女性の人霊だ。本当の天照大神は男神であり、その男神とも、われわれは若干だがコンタクトすることができている。

　ただし、女神の天照大神が人霊だということを、まだこの時点でわれわれは知らない。それが明確になったのは、二〇二四年のことだ。だからこのときは、男神の天照大神（真実の天照大神）に仕える女神として、女性の天照大神と接している。そのアマテラスさんが、伊勢の神は天皇家とは「まったく関係ない」と断言したのである。

　京さんのこのときの口調の激しさは、いまもはっきり覚えている。

　しかも、このことを口にしたのは、女神のアマテラスさんだけではない。

　神宮には、天照大神を連れて諸国を巡り、伊勢に鎮座させたと伝えられる倭姫《やまとひめ》（垂

伊勢神宮内宮の別宮である倭姫宮（三重県伊勢市楠部町）。アマテラスを伊勢に鎮座させたと伝えられる倭姫（垂仁天皇皇女）を祭る。

仁天皇皇女）のお宮もある。内宮別宮の倭姫宮《やまとひめのみや》だ。

倭姫宮にはこれまで三度お参りし、祭神である倭姫の本霊と四度コンタクトしているが、とても厳格な方で、われわれの服装がカジュアルだったため、参拝にふさわしくないと叱責されたこともある。そのときはあわてて洋服屋に走り、それぞれが参拝にふさわしい白の衣装を買い求め、着替えたうえで再訪した。

その倭姫も、アマテラスさんは天皇家の神様かという問いに対し、即座にこう断言した。

「全然違います。天皇家の神様ではない」

天皇家との関係や神宮の成り立ちを根本から否定するこの強い言葉には驚かされたが、倭姫の霊が語ったのはそれだけではなかった。

記紀神話では、天照大神は当初は崇神天皇の皇居内に祭られていた。ところが、国内に疫病が蔓延して人口が半減するなど災いが頻発したので、大神との同床は畏れ多いとして、崇神天皇が天照大神を皇居の外に出したと伝えている。ここから天照大神の長い鎮座地探しの旅（「国覓《くにま》ぎ」という）が始まり、最終的に伊勢に落ち着く——というのが記紀神話のストーリーなのだ。

ところが倭姫は、この伝承を完全に否定した。

アマテラスさんがいたのは崇神天皇のもとなどではなかったと言い切り、まったく別の、当時大きな力をもっていた別の豪族の宮居《みやい》だったと断言したのである。

二　南からやってきた猿田彦

ウズメは古代巫女の霊か

瀬平公園での交霊で、猿田彦さんが、自分が天の八衢から導いたのは、天皇家の者ではないと明確に否定したのも、前節で述べてきた数々の文脈と繋がっている。

そもそも記紀神話の多くは、九州などの海人族《あま》を支配下に置いた畿内王権が、海人族などの神話を取り込むことで成立した。ニニギ尊から始まる日向《ひゅうが》三代の神話などはその典型だし、イザナギ・イザナミ神話も九州の海人族のものであって、後の天皇家とは関係がない。

天皇家とはほんらい無関係だったさまざまな神話や古代歌謡を寄せ集め、おおむね筋の通るひとつの物語をつくりだして、万世一系の神話に仕立てあげたのが記紀神話であり、とりわけ『古事記』がそうだ。このことは、すでに数多くの史学者や国文学者などの先学がくりかえし指摘してきた。一般人は別として、専門家のあいだではすでに常識となっていることなのだ。

本書冒頭の「はじめに」で書いたとおり、われわれは山形の天狗さんはじめ多くの神霊から、「真実を出せ」「事実を語れ」と言われて動いてきている。そのためには、ここは違う、この部分はしかじかの理由で虚構だというように、伝承された事柄の一個一個の真偽を検証していかねばならない。ところがこの作業を行おうとしても、古代や神話時代に関しては、使える文献や考古遺物等の史料があまりに少ない。その欠落部分を、人霊や神霊に尋ねることで埋めていき、再構成しようという狂気じみた目標を掲げて動き出したのが、この『霊査の古代史』なのである。

この目標に沿って探っていく過程で、ほとんど真っ先に出てきたもの、それが前述の伊勢神宮と天皇家との〝真実〟の関係——「無関係」という関係だとする霊言だった。

さらに猿田彦さんは、ウズメさん（これまでウズメ命と表記したが、以下通常の呼び方である「ウズメさん」と書く）について記紀神話にはない話を瀬平公園で漏らし、天の八衢についても実に興味深いヒントを与えてくれた。

不二　猿田彦さんがここ（九州）に来られたときには、ウズメさんは一緒にいたんですか？

梨岡　居てますね。先に——。

不二　先にいるの？

梨岡　先にウズメさんが。

不二　先にウズメさん？　神話だとウズメさんは神様（ニニギ尊）と一緒に来たことになってるんだよ。それでウズメさんと猿田彦さんが空中の天の八衢って場所で出会ってって話に、神話ではそうなってるの。一緒に来たんじゃないの？

梨岡　一緒に来たんじゃなくて、先にウズメさんが来た。で、猿田彦さんと出会ったのよ。

絵馬に描かれた、舞い踊るウズメ命の姿。

ウズメさんは、京さんが霊媒として動き出した最も早い時点（私が彼女と会うよりずっと以前）から何度となく彼女の前に姿を現し、踊りを見せ、メッセージを伝えてきていた霊だ。ウズメさんが京さんに乗り移り、強制的に踊りを踊らせたこともこれまでに二度あり、そのうちの一度は霊査の旅の最中に起ったので、あわてて録画している。

そうした繋がりの中で、私はウズメさんが古代巫女《ふじょ》の霊だと考えるようになっていたのだが、猿田彦さんより先に九州に来ていたと京さんが重ねて断言したことで、ますますその感を強くした。

彼女は、ほんらい猿田彦さんを奉じる巫女ではなく、猿田彦さんとは系列を異にする神霊に仕えてきた巫女だった可能性が高い（これより後の取材になるが、二〇二三年九月の椿大神社《つばきおおかみやしろ》〔三重県鈴鹿《すずか》市〕におけるウズメさんとの交霊から、彼女が仕えていたのはいわゆる天津神のどなたかの可能性が浮上している）。

記紀神話では、天照大神が天岩戸《あまのいわと》隠れをしたとき、天岩戸の前で神憑《かみがか》りして胸乳もあらわに舞い踊り、天岩戸前に集まっていた高天原の諸神を喝采させたと伝えられる。つまり、アマテラスさんをはじめとする高天原系の神々と深く関わってきた巫女霊なのだ。

そのウズメさんの前に、「南から」やってきた猿田彦さんが現れ、どういう経緯でかは不明だが、猿田彦さんと交渉する必要が生じた。おそらく政治的な背景があったのだろう。こうした一連の経緯が、ここでの霊視・霊聴になっている。

ウズメさんから見れば、猿田彦さんはよそからやってきた客神だ。その客神の取次ぎをウズメさんがしたわけで、彼女は猿田彦さんとは別系列の部族に属していたと考えてまちがいない。民間信仰では、猿田彦さんとウズメさんを夫婦とみなしている。しかし、両者の関係はそのようなものではない。猿田彦さん自身も、「妻ではない」とはっきり口にしている。

「天の八衢」は「海の八衢」だった

今井　出会った場所はここ(九州)なんですか?

梨岡　……。(猿田彦さんからの返事がなく、不明)

今井　神話では天《あま》の八衢になってますが。

不二　あれは天上界のことだから、まあ、何とも言えないんだけどさ(それはたんなるフィクションだということを暗に言っている)。天と地の道を平面に移すと、海《あま》の道になるんだよ。いろいろな方向にある中の——っていうのも考えられるんだよね。

梨岡　もうね、海って、普通は目には全然見えないんだけど、道がいろいろあって、その道が、神様はちゃんと分かるのよ。

不二　これはすでに実験があるんだけど、台湾とかあっち方面から丸木舟で海流（黒潮）に乗って本土のほうに来ることができるんだよ。それはもう実験して分かってる。そういう海の道が何本もあるわけなのね。だからアマノヤチマタのアマも、天という意味のアマの八衢じゃなくて、海という意味のアマの八衢って考えたら、海の道っていう可能性もあるんだよ。

今井　そうですね。

不二　そうだとすると、猿田彦さんはそういう海の道を全部知ってたり、あるいはここに行ったら、ちゃんとここに行けるんだよ、みたいな（働きをしていた）。——要は「道開き」だわね。

梨岡　うん。

不二　そういう働きをされてたのかな？

梨岡　それがいちばん大きなお役目です。だからある意味、航海を守っていくのも、猿田彦大神様のお役目だし。いろんな分岐点で働かれてる、道開きの。

天の八衢は、高天原と葦原中国の間の、天上の道が四方八方に分かれている分岐点という意味だが、アマを「天」ではなく「海」とみれば、アマノヤチマタは「海の八衢」になる。海上の潮の流れが揉み合い、入り交じるなどして分岐する地点が、まさしく「海（アマ）の八衢」だ。

主流とまでは言えないが、「アマ＝天」を「アマ＝海」とする解釈は昔から行われており、女神のほうの天照大神も「天照」ではなく「海照」——海を照らしてやってきた神（実際は神格化された古代の巫女霊で、霊査に従えばおそらくは王女）の可能性が非常に高い。

ついでにいえば、天照は「アマテラス」ではなく「アマテル」がほんらいの呼称だ。自らの意思でアマを照らすという、神格の偉大さを強調した「アマテラス」の呼称が広まったのは、平安時代半ばから鎌倉時代にかけてであり、それより古い時代には、たんにアマが明るくなるほど光り輝いている神という意味の「アマテル」が一般的な呼称だった。呼称のこの変化は、諸文献を詳しく調べあげた鳥羽重宏氏によって、すでに実証されている（「天照大神の称呼の変遷について」、『神道宗教』一四八号、一九九二年、所収）。これらについては別巻でじっくり書く。

海の八衢は、『延喜式』の大祓祝詞《おおはらえのりと》に登場している。「塩の八百道《やおぢ》の、八塩道《やしおぢ》の、塩の八百会《やおあい》」という、なんとも美しい響きをもった一節がそれだ。

これは「海中を流れている多数の潮流が集まって揉み合うところ」の意で、塩の八百道も、八塩道も、八百会も、同様の場所を重ね言葉によって表現したものなのだが、これはまさしく海の八衢にほかならない。祝詞では、そこにハヤアキツヒメがおり、川から流れ込んできた罪汚れを「かか呑みてむ」（がぶがぶと飲む）と豊かな情景表現がなされている。この大祓も海人族由来のものなのだ。

「サダル＝先導する」神としての猿田彦

天の八衢を海の八衢とすれば、猿田彦さんは、まさにその八衢について知り尽くしており、どの道を行けばどの場所に至るのかを案内する（＝サダル）神ということになる。

序で書いたとおり、伊勢の二見浦で猿田彦さんとコンタクトした際、猿田彦さんは、猿とはまったく無関係であり、「サダル神」だという霊示を得ていた。「サダル」は沖縄に残る古語で、「先導する」

「先になる」「導く」などの意味を表す（伊波普猷《いはふゆう》『孤島苦の琉球史』その他）。

付け加えれば、出雲に伝えられている佐太大神《さだのおおかみ》や、伏見稲荷《ふしみいなり》で祭られていた佐田彦大神《さたひこのおおかみ》も、本体は猿田彦神と考えられてきた方々だが、これらの神名もおそらくサダルヒコから出ている。そして最も重要なことは、サダルヒコや猿田彦もふくめ、それら神名のすべては、自分の本当の名ではないと、猿田彦さん自身から、はっきり言われていることなのである。

本当の名は別にある。京さんはその名も聞かされている。けれど、どう頑張っても、彼女にはその発音が聞き取れなかった。こうしたことは、たまに起る。

現在の日本語とはまるで発音の異なる種々の言語が、古代日本には多方面から入っていた。音韻の変化については、すでに国語学方面の膨大な蓄積がある。ついでに言えば、言霊《ことだま》論などは古代日本語には一切通用しない。あれは近現代につくりあげられた砂上の楼閣、肥大した日本神国論が生み出した、たんなるフィクションにすぎないのである。

猿田彦さんの本名は知れないが、日本ではサダルヒコが猿田彦へと音韻変化して定着した。そのサダル神が海の八衢に現れ、海人族を「先導」する姿は、道開きの神そのものといってよい。

瀬平公園からはるか南方に広がる雄大な海を望みながらの交霊で受けとった霊示は、猿田彦さんが、まさにサダル神だということを示している。瀬平公園で、私が「天と地の道を平面に移すと、海の道になる」と言ったのは、これらのことがらの確認作業なのである。

現在の天皇家に繋がる渡来民は、天地の垂直軸を神の通行路とする神話をもっていた。天津神《あまつかみ》・高《たか》木神《ぎのかみ》（タカミムスビ神）が皇室のほんらいの祖神だと考えられているのはそのためだ。一方、海人族は

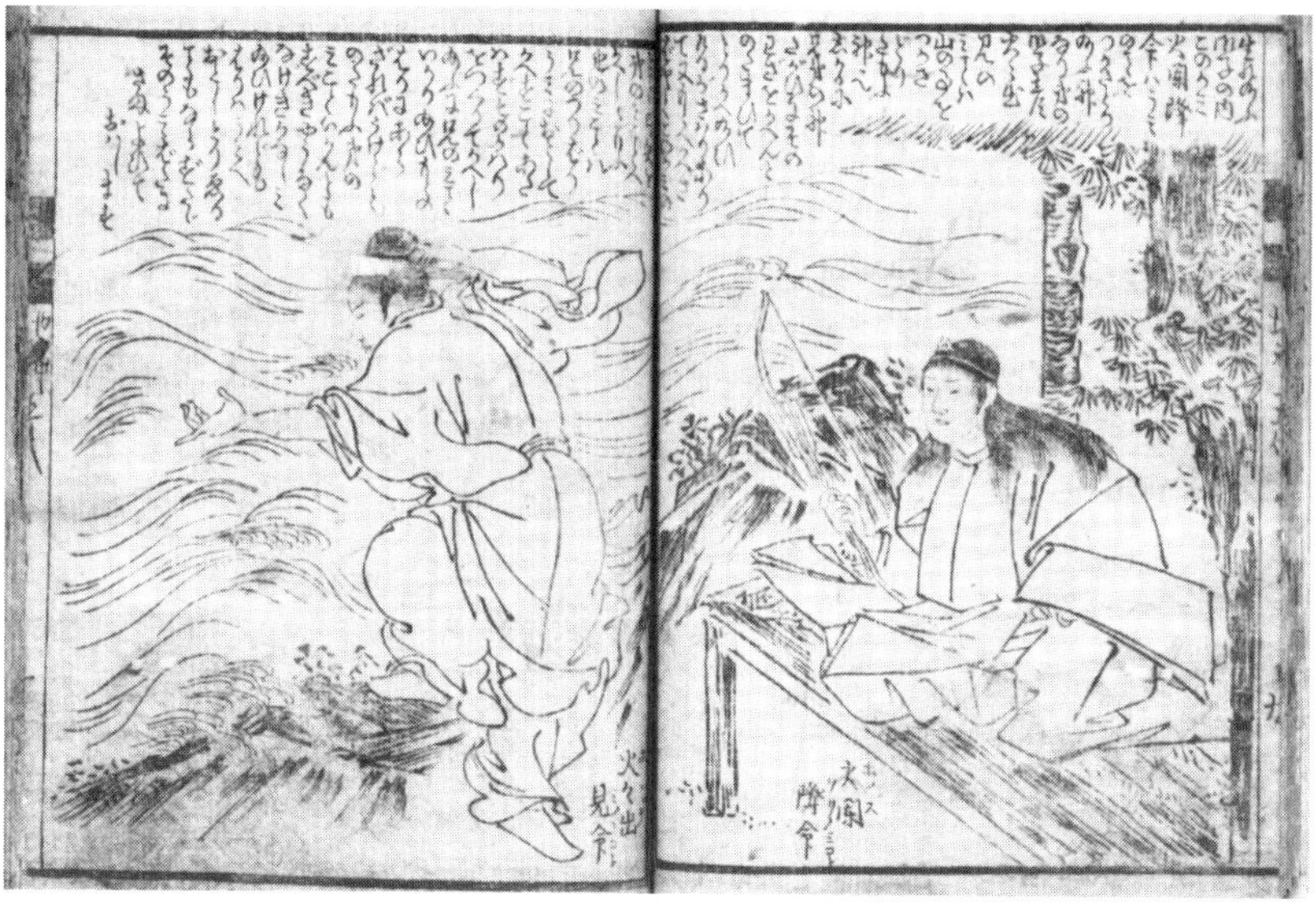

右側の、隼人の祖とされる海幸彦（ホスセリ）が、釣り針をなくした山幸彦（ヒコホホデミ）に道具の交換を迫る場面。『地神五代記』より（国立国会図書館蔵）。

垂直軸ではなく水平軸を神の通行路とする神話を伝えてきた。垂直軸神話の神が「天（高天原）」からやってくるのに対し、水平軸神話の神は、「海の彼方」から来るのである。

京さんの霊視・霊聴に従うなら、猿田彦さんは南方の東南アジア系の神で、その地方から移動してきた人々（南方系の海人族）とともに海を渡り、薩摩最南端の錦江《きんこう》湾（鹿児島湾）から九州に入ったことになる。その際、最大の目印は、薩摩最南端の開聞岳（海門岳）だったことだろう。

この移住者の後裔が隼人《はやと》族なのだろうと私は考えているが、彼らとともに猿田彦さんがやってきた時代は、まだ判然としていない。また、その後どういう経緯で猿田彦さんが伊勢に移ったのかを伝える文献史料もないが、郷土史家の藤井重寿氏は、猿田彦さんを祭る神社が「薩南海岸地方に蝟集《いしゅう》」しているとし、その中心神社として開聞岳を神体山とする枚聞神社を挙げている。

藤井氏によれば、枚聞神社の例祭は、かつては十一月の新穀祭の日に行われてきたが、この日は薩南地方の「各家の先祖祭として古くから伝承してきた祭日と重な」っているという。

ここでいう先祖とは、枚聞神社の祭神である海神・ホスセリ神と考えられるが、ホスセリ神は隼人の祖と伝えられており、伊勢における猿田彦の祭祀者である宇治土公《うじとこ》氏（二見氏）も、ホスセリ神を祖神としている（『新撰姓氏録《しんせんしょうじろく》』）。

このように、猿田彦とホスセリは随所で重なっているとして、藤井氏はこう書いている。

「ホスセリと猿田彦が伝承のうえで重なるという事実こそ、神山として航海の守護をもになう開聞神（引用者注＝開聞岳の山神）をホスセリ（一名海幸彦）の裔たる隼人が祀ったこの社（引用者注＝枚聞神社）に、猿田彦を結合せしめたものではなかろうか」（谷川健一編『日本の神々1　九州』所収の「薩摩」）

猿田彦さんと開聞岳に密接な繋がりを認めている点は、まさしくそのとおりだ。霊査とも完全に合致している。ただし、ホスセリ神が先で、そこに猿田彦さんが「結合」されたという推定は首肯しかねる。伊勢の猿田彦神社の宮司家である宇治土公氏がホスセリを祖神としていることも、猿田彦さんとは関係がない。宇治土公氏との関係そのものを、ほかならぬ猿田彦さん自身が「関係ない」と、明確に否定しているからだ。

浮かび上がる記紀神話の虚構性

猿田彦神話をふくむ記紀神話が、いかに古代霊たちの語る古代史と違っているかを書いてきた。これまで書いてきたことは、霊査で得られた諸情報の、ごくごく一部だ。このテーマに関わる神霊や古代霊の証言は、まだ膨大にある。

彼らの話が、こうまで記紀神話と違っているのはなぜなのか。この国の古代史が、あきれるほどの規模で書き替えられ、ほとんどがんじがらめといってよいほど〝記紀神話体制〟の虚構に縛りつけられ、コントロールされて今日に至っているからだと、私は考えている。われわれに関わる神霊も、私のそうした捉え方を肯定し、書くようにと求めている。

内宮の女神のアマテラスさんから、「天皇家とはまったく関係ない」という衝撃的な霊示をいただいたとき、私は「書いてよろしいのですか?」と、重ねて尋ねた。霊示には「書いてよい」ものと、「書いてはいけない」と断りが入るものがある。だから私は、都度都度に確認する。

このときのアマテラスさんからの返答は、「書くように」だった。書いてよいどころの話ではない。返ってきたのは、「書け」という静かな命令だった。

同様の霊示を、私は倭姫からも受けとり、阿射加神社の猿田彦さんからも受けとっている。

ニニギ尊の天孫降臨を否定した猿田彦さんに、私はこう尋ねた。

「このことは本に書いてもよろしいんでしょうか?」

京さんを介して、猿田彦さんからの返事があった。

「はい……『書かなかったらダメ』だそうです」

これらの言葉には、関係神霊や古代霊の、このままではいけないという強い思いが乗っている。

神霊によって、立ち位置は大きく異なり、霊的な意味で反目している神霊もある。たとえばアマテラスとスサノオの関係は、あまりよいものではない。それは確認している。そもそも両者は、記紀が描くような姉弟でもない。一方は人霊、もう一方は他郷の天狗霊なのだ（スサノオ神が天狗だというのは金井南龍が神霊界から得た情報で、われわれが確認したことではない）。

ただし、記紀神話が「ウソ」だという点では、霊言は一致している。そのウソによって、日本はがんじがらめになっている。記紀神話体制は、それほどまでに強い。まさに圧倒的だ。

一見、記紀体制を否定しているかのように見えるさまざまな偽書群ですら、実は記紀体制の兵卒であり、記紀神話体制内で生み出された鬼子の兵隊にすぎない。それらの多くが、虚構そのものである万世一系を、石器時代よりもはるかに古い時代にまで引き伸ばそうとして、さまざまな戯論を積み重ねているという状況に、兵卒たちの心性が如実に表れている。

けれどもこの話は、このあたりで切り上げて、われわれは猿田彦さんというテーマにもどらなければならない。記紀神話体制については、天皇関係の続巻で、改めてじっくり書いて行く。

第二章

南方海人族がたどった道

一　伊勢に降りた猿田彦

九州から志摩・伊勢へ

猿田彦さんが南方系の天狗だという見当がついたわれわれは、その後もさらに精力的に巡拝霊査を続けた。山岳の神霊系や記紀神話関連の取材とあわせて、海神・海人族や水系の巫女霊関連の取材を進めるべく、神戸、淡路、和歌山などを回り歩いた。

転機は二〇二三年五月の対馬《つしま》取材で訪れた。

それまで堅く閉じられていたツボミが一斉に開花したかのように、海に関わる霊査が大きく展開しはじめ、海にまつわる霊査の知見が一気に広がってきた。京さんの霊視・霊聴によるアプローチ能力も、急速に深度を高めはじめた。そんな状

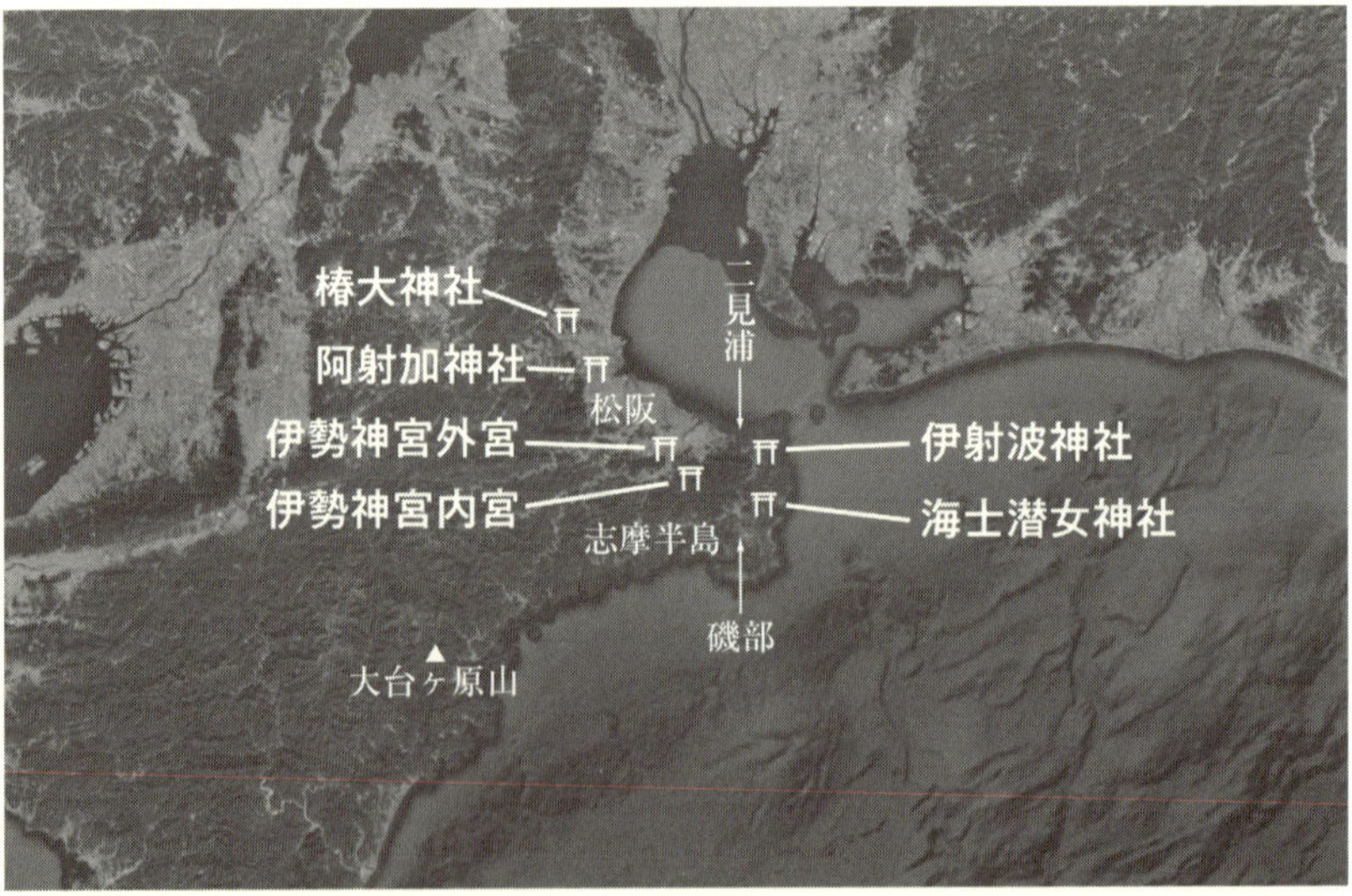

伊勢志摩地方を中心とした地図。伊勢湾沿岸に聖地が並ぶ（©Google）。

志摩半島に鎮座する伊射波神社。古代海人族の信仰を背景とする。

態で訪れたのが、翌六月の葛城・大台ヶ原・伊勢志摩・尾張を巡る霊査の旅だった。

前年までの取材で、猿田彦さんが最初は九州を拠点に各地で活動し、後に伊勢地方に動いたことはほぼ分かっていた。それも、いきなり入ったのではない。太平洋を北上して志摩半島に入り、そこから二見浦へと進んで、興玉神石のあたりで鎮座したのだろうという見当がついていた。

そこでわれわれは、伊勢志摩では、古代海人族の信仰・祭祀と密接に繋がっていたと思われる志摩半島の伊射波《いさわ》神社（鳥羽市安楽島町《あらしまちょう》字加布良古《かぶらこ》）や、海士潜女《あまかづきめ》神社（鳥羽市国崎町《くざきちょう》）などを巡拝して、猿田彦さんの足跡を追った。

伊射波神社の巡拝では、海の女神や海中・海底を司る神霊である安曇磯良《あずみのいそら》さんが現れて、貴重な情報をもたらしてくれた。磯良さんは、猿田彦さんはじめ海神との関連でとてつもなく重要な位置を占めている、特殊な神霊だ（詳しくは続巻の『海神編』で書く）。

また、海士潜女という一風変わった名を持つ神社では、猿田彦さんの分霊（白鬚明神《しらひげみょうじん》）、あるいは残存念の可能性も考

海士潜女神社。伊勢の海女たちの女神・潜女神を祭る。

えられないではない霊像が現れた。

この神社も、明治政府による神社の合祀政策で、主祭神以外の神々が雑多に集められていた。

一町村につき一神社という合祀政策の原則に従って、同一地域にあった多数の神社が明治初期に併合された。当時二十万社あった大小の神社が、この悪制により約十三万社に整理されたと推定されているから、ほんらい居るべき場所をなくした関係諸霊の数は膨大だったろう。心霊的な観点からいえば、暴挙というほかはない。このせいで神社を離れた諸神霊や、まだ合祀社にいるにはいるが、いまだに納得していない神霊などの声も、われわれは聞かされている。

海士潜女神社のほんらいの祭神は、伊勢の海女たちが斎《いっ》くカズキメ神（潜女神）だが、右に書いたような事情で周辺の神社が合祀された。そのひとつに猿田彦さんを祭る「白鬚御前」がある。

白鬚神社は日本各地にあり、なかでも琵琶湖の西岸に鎮座する近江の白鬚神社は、近江最古の古社と伝えられる（われわれはそこでも白鬚明神姿の猿田彦さんと接触している）。白鬚神はいずれも海浜湖沼などの水場近くに祭られており、ここ国崎の場合も同じだ。

猿田彦さんを奉じて九州方面からやってきた海人族は、霊査では志摩半島から伊勢湾沿いの地に広まっていき、その後裔が後の磯部《いそべ》（礒部）の海人族となったものらしい。

地域の海人族を統括し、伊勢地方における神祇祭祀を掌ったこの磯部氏からは、内宮禰宜《ねぎ》家の荒木《あらき》田《だ》氏や外宮禰宜家の度会《わたらい》氏が出ており、猿田彦神社（伊勢市宇治浦田）社家の宇治土公氏も、磯部の出自とされている（鎌田純一「イソベ氏の信仰」、『皇學館大学紀要』第十七輯所収）。ただし、猿田彦さんによれば、それは後世につくられた系譜であって、猿田彦さんとともに海で活動したもともとの磯部の海人族と宇治土公氏は「関係がない」という。そして事実、猿田彦神社では、猿田彦さんは影も形も現さなかった。この神社に、猿田彦さんは出入りしていないのだ。

磯部に関しては不明なことが多く、今後の霊査をまたなければならないが、いずれにせよ、猿田彦さんは激しく入り組んだリアス式鋸歯《きょし》状海岸が連なる志摩半島の沿岸から伊勢湾方向に進み、先の二見浦の興玉神石に鎮座した。

初めて二見浦を訪れたとき、京さんがいきなり海中の巨石に猿田彦さんが降臨したと見たのは、この鎮座の霊視だったたと思う。

宇治山田の食堂に猿田彦が示現

海士潜女神社や、二見浦の二見興玉神社などを巡ってその日の取材を終えたわれわれは、翌日の取材先である尾張方面行きの近鉄電車を待つ間、宇治山田駅近くの居酒屋食堂で軽く一杯やりながら、霊

二見浦にある二見興玉神社。海中の興玉神石を御神体とする。

査に関わるよもやま話に花を咲かせていた。六月十五日のことだ。

会話が興に乗ってきたため、予定の電車をうしろにずらして話し込んでいたところ、突然「いま猿田彦さんが来た！」と、京さんが歓声をあげた。

われわれの酒席に、なんと猿田彦さんがひょっこり顔を出してくださったのだ。

二見興玉神社でも、猿田彦さんは姿を見せてくれていた。けれどもこのときは、われわれの問いかけには一切答えてくれず、ただ左脚を上げて片脚で立ち、両手を合掌の形にするという謎のポーズだけを示して消えていた。

ポーズの意味は、まったく分からなかった。何の謎かけだろう、自分たちで調べろということだろうかといぶかりながら二見興玉神社をあとにし、他の取材地を回り終

「猿田彦さん」が見せた謎のポーズを自らとってみせる梨岡京美。左脚をあげ、両手は合掌。

えて、宇治山田駅でレンタカーを返却した。予定の電車までは、まだ時間があった。そこで駅近くの居酒屋食堂に入ったのだが、それから間もなく、猿田彦さんが酒席に現れたのである。

　こんなことを書くと、そんなバカな話があるかと否定する人が当然いるだろう。神霊は穢れのない神聖な場所で厳粛にお迎えし、前例にのっとった型どおりの祭儀を行ってはじめて、感応もお蔭も期待できると考えている人たちだ。

けれども、それはまちがいだ。神霊はそんな杓子定規でもなければ、頭の固い不自由な存在でもない。とりわけ天狗さんたちは、位が高ければ高いほど、形式主義に囚われない（ただし一部の人霊や狐霊などは違っていて、見た目を重視し、厳粛な形式を要求する霊がしばしばいる）。

　なにより重要なのは、迎える側の心のありようだと、われわれは教えられている。

　心が曲がっていたのでは、いかに形式を整え、祭壇を美々しく飾ったところで、神霊は来てはくれない。「清き赤き心」という万葉時代にまでさかのぼる古典的な表現は、まさにそれを言っている。なにはさておいても必ず手向《たむ》けなければならないのは、この「清き赤き心」であり、心を乗せてお供えするのが供物《くもつ》（古くは幣帛《へいはく》）なのだ。
このときの交霊はじつに興味深いものだった。少し長くなるが、注記をはさみながら、おおよそのところを紹介しよう。なお、猿田彦さんが現れたと聞いて、今井さんがあわてて録音機を取り出したので、最初の部分は録音がない。

今井　いま猿田彦さんが来られた？
梨岡　うん。それでね、先生が（猿田彦さんが覚南《かくなん》天狗さんの副官というのは本当ですかと）聞いたとたん（猿田彦さんが）「そうだ」って言ったから。だから、そうなんだって！
不二　そうなの？
梨岡　そうなのよ。
今井　副官だって？
梨岡　うん。だからいろいろこう——。
不二　動かれてて。覚南天狗さんの副官という形で活動されてて。
梨岡　ばっちり。そうそうそう。
不二　ふーん。そうすると、今日あの不思議なポーズを見せていただいたのは……。
梨岡　それは覚南さんとあれ（通交）するとき、アポっていうか、やるときに、自分はそうしないと……ウォー！（猿田彦さんの声が京さんにはっきり伝わったらしく、歓声）そうやって（そのポーズでの意）覚南さんのとこに行くんだって！

不二　左脚上げて、合掌したポーズで？

梨岡　（うなずく）

不二　調べたって絶対分かんないから、いま教えてくださったんだ！

今井　すごいですね。

梨岡　すごいね！

不二　すごいね。ああ、そうなんだ。へえー！

梨岡　そうなんだって。で、覚南さんのサブで動いてるから、覚南さんと猿田彦大神様と全然こう質が違うので。で、覚南さんがすごく厳しいのよ。神様の質が全然違うので。

不二　うんうん。

梨岡　猿田彦大神様も自分の世界を持ってるし。それでそれをやることによって、信頼関係よ。信頼関係ができるし、また猿田彦大神様がいろいろ動けるのよ。覚南さんも動けるんだけど、あそこ（妙義山《みょうぎさん》と大台ヶ原）で全部みんな統括してるから――。

不二　うんうんうん……。

梨岡　で、覚南さんは統括してるから、あんまり動けないらしいのよ。だからその分、猿田彦大神様が来てくれて、いろいろこう動いて。

猿田彦さんの上官にあたる覚南さんは、大台ヶ原を本拠とする無双の大天狗で、問題のある天狗や龍神などを裁く地球霊界における最高裁判所長官の役職に就いているという。それについては『霊査の古代史1　天狗編』に書いたので、詳しくはそちらを参照していただきたい。
その覚南さんの前で、左脚を上げて合掌というポーズをとるのだと猿田彦さんは教えてくれたのだが、このポーズには、ここで説明されている以上の、驚愕の意味があることを、われわれは後日教えられた。その意味や、覚南さんの本体については、本書の第四章で書く。

酒を献じて交霊が再開

不二　いま猿田彦大神様にお供えしていいものかな？
梨岡　あ、そうなの？　お酒がいいよ。お酒。
不二　受けてくださるのであれば。
梨岡　いいよ。
不二　じゃあお猪口《ちょこ》をもうひとつください（店員に）。
今井　お猪口。お猪口をもうひとつ。
不二　（店員から猪口を受けとって）はい、すみません。

あまりにも突然の到来と、さっそくの教示に驚いたが、何はともあれ来てくださった猿田彦さんに供物をさしあげねばと思い、テーブルの右側に即席の神座を設けて、お酒と、ちょうど運ばれてきた料理を小皿に取り分けて献じ、お礼の言葉を述べた。
お酒は、われわれの霊査では欠かせない供物のひとつになっている。山神にも海神にも献じ、祈念を終えたあとは、山や海で亡くなった諸霊の供養のために、そこに撒く（酒瓶等の容器はもちろん持ち帰る）。

献じるのはおおむね日本酒だが、天狗霊や古代霊は昔ながらのドブロクを好むし、スサノオ神も、自分の眷属《けんぞく》たちはドブロクを喜ぶと京さんに伝えている。朝鮮半島の北方から渡ってきた霊も、日本酒ではなく白く濁った雑穀酒がよいという。

こうしたことは、必要に応じて京さんに事前に通信が来る。とはいえ、古代朝鮮の雑穀酒などは手に入らないので、そのときはマッコリで代用した。霊は受けとってくれたが、「本当はこれではないのです」と言い、「これ（マッコリ）は米でつくっているけど、米ではないのです」と説明してくれた。中国東北部から満州・半島北部にかけての地域なので、コーリャン酒だろうと思い、その旨を伺ったところ、どうやらそれらしかった。

われわれを最初から導いてくださっている山形の天狗さんとの、酒にまつわる思い出もある。山での交霊を終えたあと、天狗さんから「酒はあなたたちで飲むといい」という言葉があった。献じた酒を持ち帰って飲めというのではない。そこに繁茂しているクマザサの葉を船形に折って酒器にし、その場で、まさに山形の天狗さんが立っている岩の前で飲めというのだ。

天狗さんは、「誓いの酒」だと言った。天狗さんとわれわれの霊的な結盟を意味する酒ということなのだろうと私は理解した。その際、クマザサの折り方は、「もう教えてあったろう」と天狗さんは言った。まさにそのとおりで、旅の直前、京さんの事務所で行っていた打ち合わせのおり、山形の天狗さんがひょっこりと現れ、山で湧き水を飲むときの作法として、クマザサの折り方を京さんに教えてくれていた。いつもはすぐに忘れてしまう京さんだが、この折り方はしっかり覚えていた。

酒に関しては、このようにいろいろな体験があった。

宇治山田での交霊のときも、ほとんど条件反射のように、猿田彦さんに酒を献じねばという思いがよぎった。まずは受けてもらえるかどうかの確認が先だったので、京さんに尋ねてもらうと、即答で受けてくださるという返事がきた。そこで臨時の神座を設け、酒を捧げてから、猿田彦さんとの交霊を再開したのである。

猿田彦が南九州から海人族を導いた

梨岡　オッケー。（お供えを受けとってくださったという意味）

不二　それでまあ、いろいろと伺いたいことがあるんだけど……。（何から伺おうか迷う）

梨岡　突然来たから。（笑）

不二　突然だものね。（笑）

あの、前回のときに、猿田彦さんは「南のほうから来た」とおっしゃったんですが、南というのは沖縄よりさらに南の——。

梨岡　（かぶせて）南、南。

不二　沖縄よりさらに南ですか？

梨岡　（うなずく）

不二　ああ、そうですか。それで南からずーっと来られて、伊勢に落ち着かれたわけですか？　伊勢を拠点にして。

梨岡　ううん。（否定）

不二　違う？

梨岡　伊勢が拠点じゃない。

不二　伊勢が拠点じゃない？

梨岡　それはまた後のことよ。

不二　後のこと。その前は、例えば九州におられて、その後に、伊勢に来られたんですか？

梨岡　そうそう。だから九州が最初。

今井　九州というのは九州の南のほうですか？

梨岡　うん。南。

不二　南だよね。あの瀬平公園でわれわれが教えていただいた……。そういうことか。そのとき、九州に来られたときには、隼人たち、あの九州の南に住んでる隼人と呼ばれた部族が――。

梨岡　連れてきたの。

不二　連れてきたの？　はああ……。

ここでいきなり二つの重大なことが語られている。第一は、九州からそのまま北上して伊勢に入ったのではなく、ひとまず九州に腰を落ち着け、その後、伊勢に移動したということだ。

九州を拠点とした期間は、相当の長期間だということが、その後の霊査で分かっている。猿田彦さんは、「伊勢の国津神《くにつかみ》」などではない。この件はしつこく何度も伺い、関連する史実とも照らし合わせることで確認している。

後段で再説するが、伊勢の二見浦に移ったのはずっと後の時代、早くても六世紀以後のことだといううことを、まずここで言っておく。猿田彦さんは、神社側がそのように広め、一般の人々もそのように信じている伊勢の神ではないのだ。

もうひとつは、九州南部が日本における猿田彦さんの最初の鎮座地で、この地の、後に隼人族と呼ばれるようになった部族の祖先が、猿田彦さんの最初の奉斎部族だったらしいということだ。

隼人は隼人熊襲《くまそ》とも呼ばれるが、両者の違いについての定説はない。熊襲を地名とする説には一定の説得力があり、その場合、熊襲の「熊」は古代の熊県《くまのあがた》（現・熊本県球磨《くま》郡）、熊襲の「襲」は古代の襲《その》国《くに》（現・鹿児島県贈於《そお》郡）で、ソオ（贈於）がソ（襲）に縮まったと考えられている。

この熊襲国を支配する勇猛な大豪族として造形されたのがクマソタケル（熊曾建＝『古事記』）という人物で、ヤマトタケルのだまし討ちによって殺されるのだが、これもヤマト王権によるまったくのフィクションで、ヤマトタケルという者は実在しないと、倭姫ほかの神霊が明確に否定している。これらのことは、天皇家に関わる他の巻で詳述する。

この隼人熊襲は、南九州で暮らしていた縄文人そのものではない。縄文時代の早期からこの地に人がいたことは、霧島市の上野原遺跡の発掘で明らかになっている。

南九州は火山の集中地帯で、阿蘇《あそ》・加久藤《かくとう》・姶良《あいら》・阿多《あた》・鬼界《きかい》といった大きな活火山が集まっており、爆発・噴火をくりかえしてきた。そのうちのいまから一万千五百年前頃に起きた桜島の大噴火と、七千五百年前の鬼界カルデラ火山の大噴火にはさまれた約四千年間の歴史を伝える火山灰層から出てきたのが、右の上野原遺跡だ。

日本最古最大といわれる五十二基の竪穴住居や、調理場跡と考えられている計百基近くの集石遺構や土坑が上野原遺跡で発掘されており、四千年の長きにわたって、鹿児島湾に臨むこの地で縄文人の大きな集落が営まれていた。

そうした南九州の地に、猿田彦さんを奉じる海人族の祖先たちが、何艘もの船に乗って南方からやってきた。彼らは先住の縄文人と混血しながら、この地に根付いた。その後裔が、後に隼人とも熊襲とも呼ばれるようになった人々だろうと推測できる。

彼らの言葉は、畿内ヤマト人の言葉とは異なっており、会話をかわすに際しては、通訳を必要とした。官選史書の一である『続日本紀《しょくにほんぎ》』の養老六年（七二二）四月十六日の条に通訳の記載がある。

北部九州と南部九州は、まるで異なる文化圏だった。北部は中国大陸や朝鮮半島の国家とさかんに交易し、古墳時代が始まる前の段階では、畿内よりはるかに発展していた。対する南部九州は、ヤマトからは不毛の僻地と見られており、九州島のなかの異国だった。

『日本書紀』には、この地を表した「膂宍《そしし》の空国《むなくに》」という言葉が出てくる。膂宍とは、背中の肉のことだ。その部位からは、ごくわずかの肉しか得られない。その膂宍のように、痩せた土地しかない空しい国――それがヤマトから見た南九州だった。

仲哀《ちゅうあい》天皇が熊襲討伐を言い出したとき、神功皇后が「あんな膂宍の空国など、わざわざ兵を挙げて討っても何にもならないでしょうに」と言ったと『書紀』は伝えている。

話自体は『書紀』作者の創作で、神功皇后は皇后でもなければ仲哀の妻でもないのだが（これについても、われわれは九州や奈良、大阪住吉《すみよし》などの各地で、再三にわたって神功霊に問い、一貫した霊言をもらっている）、当時のヤマトにおける南九州観は、この言葉に端的に言い表されている。

そもそも、南九州の地は、火砕流や火山灰などの火山噴出物からなる痩せたシラス台地で（「膂宍の空国」はここからきている）、米は細々としか穫《と》れなかった。だから稲作を始まりとみる弥生時代の開始も遅かった。おもに雑穀を栽培したほか、山海の幸を食糧としていたようだが、それだけに海の幸は重要だった。おそらくそうした背景もあって、隼人の祖にあたる海人族は、船を駆使して日本各地を巡った。その際、彼らを導いたのが猿田彦さんで、伊勢に入ったのもそうした活動のうちのひとつだったのである。

二　猿田彦の壮大な旅路

海人族のイレズミは神との契りのしるし

居酒屋食堂における交霊の続きを見よう。

不二　それで猿田彦さんが面倒見てたその人たち（隼人たち）というのは、もう全部イレズミをした人たちですよね？

梨岡　目印が、皆さん。

不二　ね？　そうですよね。それで伊勢まであとで来られたときに、そのときにここの海人族っていうのは、やっぱり磯部ですか？

梨岡　磯部です。

不二　磯部ですか。

梨岡　だから磯が付くの。で、そのイレズミとかもほんとに特徴があるので、もう一部の人しかできない技術なのよ。いまだったらどこでもおカネ出したらできるけど。だからそれぐらいイレズミするっていうのは貴重な、部族のやり方があって、極秘の技術者がいてて。

で、なぜかといったら、神様（猿田彦さんのこと）を連れてくるって、すごく大きな働きをする方たちの集まりなので、磯部っていうのは。だからあの、結構ウソを言われたりとか（この意味は不明）。なんかいろいろ派閥があるらしくて。だから（イレズミは）磯部の者だっていう、その証し。焼き印みたいな感じのシルシなんだって。

不二 磯部の海女《あま》も、やっぱりイレズミを入れて――。

梨岡 してるしてる。してるの。（霊視によって答えている）

不二 アワビを獲《と》ったりあれしたり……女性、やってますよね？

梨岡 うん。それでプラスアルファ、お守りなのよ。イレズミをやることによって、身を守っていく。敵から身を守っていくし、海からも海賊が来たりとかするので。それをやることによってキャッチできるらしい。なんか。で、それがいまで言ったらお守りみたいな――。

不二 猿田彦さんにお聞きしたいんですが、沖縄島の海人族（糸満人《いとまん》）、あそこなどは男も女もイレズミをしてたんですよ。で、そのイレズミの意味っていうのはほとんど分からないんですが、例えば十字形があったり、それから波形のギザギザがあったり、蛇なのか雷の紋なのか分からないんですが、そういうふうな丸に線が入っていたりとかっていう、そういうイレズミをいっぱいしてるんですね。それが――。

梨岡 全部意味があって。

不二 全部意味があって？

梨岡 で、いちばんは雷から身を守るのもそうだし、蛇っていうのはそれこそあの龍神さんの働きをするし。で、ほんとにもう自分のお守り。なぜかっていったら、（海人族は）常に自然相手でやってるから、仲間の救援がとかって、もう間に合わないらしいのよ。だから自分たちで身を守っていくってことがいかに大事かだし。で、またそういったことをやる方がいてるから、教えてもらったり。それで団結していくっていう……。

不二 十字の形の、プラスの記号のような十字型のイレズミを多くの方がされてるんですが、あれはどういう意味ですか？

梨岡 あれはもう完全に神様と交わってるっていう、神様との契りを入れてるっていうシルシなの。

不二 ああ、そういうシルシなんだ！ なるほど。ありがとうございます。ずっとイレズミが気になってて。海人族がイレズミをしてるんで。それからアイヌのイレズミ。つい最近もいっぱい見ていて、イレズミが全然違うんですね。アイヌのイレズミは南方の海人族とはまったく違うんで、あれは神様系列がやっぱり全然違うから――。

梨岡 （かぶせて）違うの。

不二 違うんですね？

梨岡 うん。なにせあの磯部の人たちっていうのは海、全部がもう自然相手で、漁をやったりいろいろしてるんで、（紙や木などの）お守りだったら（海に潜るので）持てないけど、イレズミだったら取り込んでるから。

不二 うん、身体にね。

梨岡 イレズミだと消えることもないし。敵に遭ったりするのよ。そのとき、見ただけでも（敵か味方か）

分かるから。だから誰でも彼でも入れるもんじゃないの。それぐらい尊いものなの。

不二 磯部の民がそのイレズミ入れてるっていうことは、磯部の民もやっぱりこの地方の在の者というより、海から来た人たちですか？

梨岡 海から来たのよ。

不二 海から来た民なんだ、磯部も。で、磯部が来て、在の者もいるから――。

梨岡 混じったの。

不二 混血したりして暮らしていたわけだ。

海人族の漁法について、民俗学者の宮本常一《つねいち》がこう書いている。

「（西日本の）漁撈の方法には東日本とちがったものがあったらしく、東日本では骨でつくった釣鉤《つりばり》がたくさん出るのに対して、西日本では、そういうものはほとんど出ていない。西日本では網でとったり、もぐってとったりすることが多かったためであろう。つまり西南日本の漁撈のしかたは東南アジアにつながる漁法が、はやくからながれて来ていたものと思われる」（『日本の海女』）

ここに記されているとおり、古代東日本の漁法が釣鉤漁中心だったのに対し、西および南日本の漁法は網漁と潜水漁が中心だったらしい。九州はイレズミを施した海人族による、網漁法と潜水漁法の古代における中心地であり、構成する部族こそ異なるが、南九州もこれだった（北部九州は圧倒的に朝鮮半島系の渡来民が多い。これは霊査の旅で何十回となく確認済みだ）。

しかもその漁法は、猿田彦さんが自ら「やって来た」と語っている南方――東南アジア方面の漁法に由来する可能性が高いのだ。

船という特別な運輸機関を保持していた海人族は、日本を海沿いに移動して漁撈や兵事に従事し、あるいは交易を行い、あるいは他の地域に移住して農耕民化した。

伊勢の磯部族もまた、そうやって南九州から渡ってきた海人族が、地元の縄文・弥生人と混血するなどして根付いた人々で、京さんの霊視および猿田彦さんの教示に従うなら、古代においては男女ともに身体にイレズミを入れていた。現在も潜水漁法を続けている伊勢の海女は、イレズミこそしてはいないものの、古代の血を色濃く継承しているのである。

ヤマト王権の支配が及ぶ前から伊勢に入っていた

不二　南九州の海人族が伊勢に入り、そのあとから、いまで言う天皇家（正しくはヤマトの大王家《おおきみけ》）の勢力が入ってきて、ここでいろいろ――まあ伊勢神宮もそうだし、伊雑宮《いざわのみや》などもそうなんですが、伊勢を支配した。それは猿田彦さんが来てあとになりますか？
梨岡　あと。

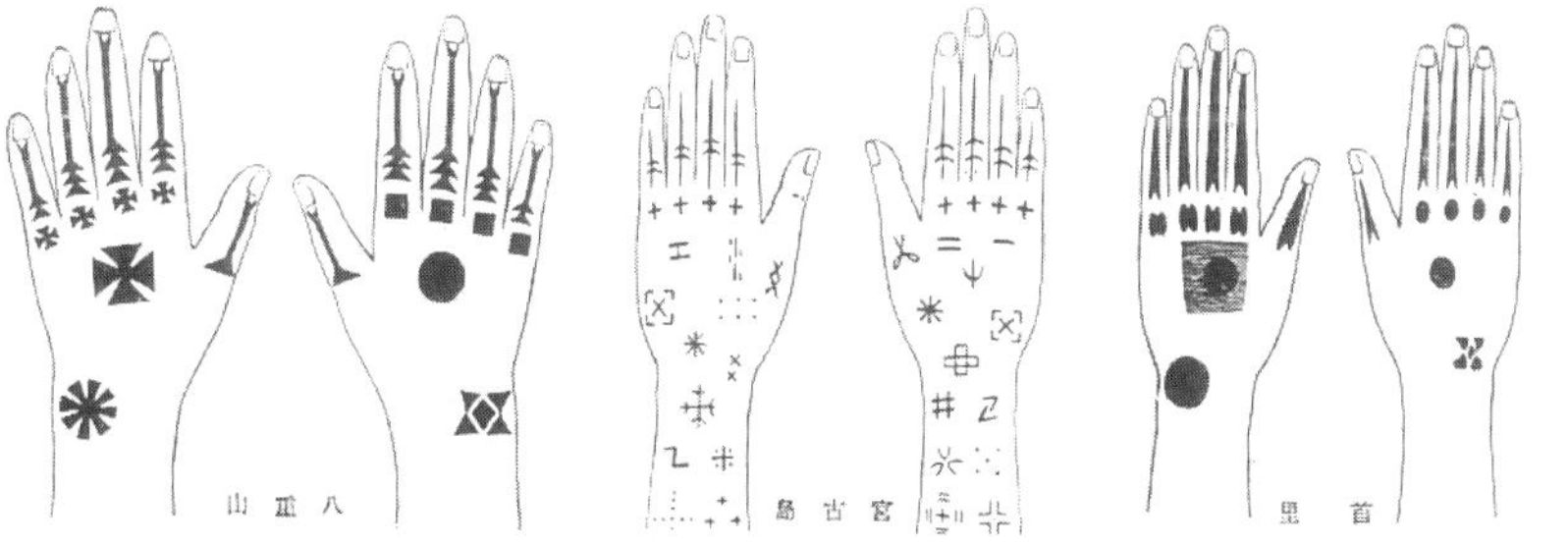

沖縄の女性のイレズミ。左から、八重山、宮古島、沖縄本島。沖縄のイレズミは島ごとに異なっており、イレズミで出身島が分かったという。成人儀礼として施されたらしいが、魔除けの意味もあったと考えられる。『日本地理風俗大系』より。

不二　あとですよね？

梨岡　あと、あと、あと。

不二　もうずっと前に、その前から、いまでいう伊射波の民（原磯部族）なんかが全部もう先にいて、そこに（ヤマト王権側の勢力が）後から入ってきて――。

梨岡　そう！　で、牛耳ったという。

不二　牛耳ったんだね。やっぱりそうなんだ。それをものすごく確認したかったんです。

猿田彦さんは、当初は九州を拠点に活動していたが、後に隼人系の海人族らとともに黒潮に乗って太平洋を北上し、伊勢志摩地方に入った。その足跡が、伊射波神社等にある。

問題はそれがいつの時代かということだが、二〇二四年の交信で、古墳時代に入った三世紀後半から四世紀には、伊勢に出入りしていた可能性の高いことが分かっている。より正確に言うなら、南九州の隼人族の一部などの海人族が、猿田彦さんを水先案内の神と奉じて伊勢に入ったのだ。この時代、ヤマトの大王家の支配はまだ伊勢には及んでおらず、もちろん伊勢神宮も存在していない。

ただしこれは、猿田彦さんが南九州から離れて伊勢に拠点を移したという意味ではない。先に書いたとおり、猿田彦さんの本拠が二見浦の興玉神石に移ったのは早くても六世紀であり、古墳時代ではない。猿田彦さんによると、九州内はもちろん、日本海側も太平洋側も船で行き来をしており、伊勢もそうした往来地点のひとつだったということらしいのだ。

梨岡　伊勢神宮はもうあとの話なのよ。
不二　そうだよね。後だよね。どうしたって後だ。
梨岡　（猿田彦さんは）地元の方たちと（それより前から）いてはったのに、全部ここ（伊勢神宮）が中心になってくるのが、そこ自体が（違うと）。それで怒ってるの。
今井　阿射加神社の……。
不二　ダメだと。封印するみたいに。

猿田彦神は貝に手を挟まれて亡くなるが、これを悲しんだウズメ命は、神々に従わずに黙っている海鼠の口を小刀で裂く。『日本国開闢由来記』より（国立国会図書館蔵）。

　この会話は説明が要る。第一章で、松阪の阿射加神社における交霊（二〇二二年一月十四日）のことに触れた。猿田彦さんが漁をしている最中、比良夫貝《ひらぶがい》（霊査では巨大なシャコ貝らしい）に挟まれて溺死し、泡から三柱の神が生まれた。そこでその神（猿田彦さんの分霊）を祭ったと伝えられているのが阿射加神社なのだが、同社に参拝したとき、衝撃的な情報に接したのだ。
神社に着く前の車中から、京さんは「猿田彦さん怒ってるのよ。ずっと怒った顔してる」と、しきりに訴えた。神社に到着し、ご挨拶して交霊に入ったが、猿田彦さんの怒気はそのままだった。いまは二〇二三年六月の居酒屋食堂での交霊記録を紹介しているので、一年以上時間をさかのぼることになるが、非常に重要な交霊なので、阿射加神社におけるやりとりをここに挿入する。

阿射加神社での猿田彦との交霊

梨岡 やっぱりね、怒ってるのよ。顔が。いままでほんと見たことない顔で。いまのこの顔っていうのは、お不動さんみたいな怒りの顔。なんで怒ってるんですって聞いたらね。「場所が違う」って。

不二 場所が違う？　ここじゃないって？

梨岡 うん。「ここじゃない」って。だから場所が違うということは、ここに祭られたくないけど、ここにいてるのか、（そもそも）ここじゃないか、どっちか。

不二 （祭るべき場所は）やはり伊勢のほう？

梨岡 伊勢だよね、ここじゃないものね。

不二 なぜここに……あの、（松阪という伊勢から）離れたところに猿田彦大神をお祭りして、ここに鎮座という形してるのかを、明日尋ねたいって今井さんと話してたんだよ。だから、それはもういまので、もう「この場所ではないんだ」って（尋ねる前に教えてくださった）。ほんらいこの場所ではないんだね？

梨岡　ない。

不二　要するに、伊勢から離したってことですか？

梨岡　あのね、神様が「怒ってる」って言うの。で、ほんとは神様が怒ったりしたらいけないらしいのよ。
だからここの猿田彦大神さんも、それで外されたらしいの。……あ、そういったことか！

不二　ん？　外された？

梨岡　外されたらしいの。

今井　どこから外されたんですか？

梨岡　伊勢神宮から。伊勢に祭る前に。

今井　猿田彦さんが怒って――。

梨岡　怒られて、このミタマがね、……外されたらしい。あっちから。

今井　で、こっちに移されたってことですか？

梨岡　（うなずいて）だから顔が、ずっとこう怒ってる顔。

不二　伝えられてる話では、ここの阿射加の海で貝に挟まれて――。

梨岡　うんうん。貝はね。貝は（猿田彦さんの霊視像とともに）出てきてた。

不二　出てきてた⁉

梨岡　うん。おっきな貝なの。

不二　おっきい貝。うん。

梨岡　あのお、すごいおっきい貝よ。あのほら、こういう。

今井　あそこの、二見浦で見た、何百年も生きるっていうでっかいヤツ？（大シャコ貝）

梨岡　あの貝。

不二　それで、ここに祭られているんだけれども、ここでは祟り神として働いたっていうふうに伝えられて、伝承があるの。それは怒ってる神様だから？

梨岡　怒ってる、怒ってる。

不二　もう（車で）そこに入ってきたときから、怖い顔してるって京さんがいうのはそれなんだと思ったんだけど、伝承では三つの魂に分かれてると。で、いまここのお社は三棟だよね。これは底《そこ》度《ど》久《く》御魂《みたま》、都《つ》夫《ぶ》多《た》都《つ》御魂《みたま》、阿《あ》和《わ》佐《さ》久《く》御魂《みたま》、三つのミタマそれぞれのお社《やしろ》って形になってるんですか？　猿田彦大神様の三つのミタマを、ここでお祭りしてるんですか？

梨岡　そうなの。三つを。

不二　なるほど。

梨岡　分けて、ここにお祭りしてるの。

不二　それで、何を怒られたんだろう。……何かもめたんですね？　アマテラスさんと？

梨岡　……。

不二　そうじゃない？

梨岡　じゃない。

不二　じゃない？

梨岡　うん。……もめて、追放されたの。で、ここに。その怒りがすごかったらしくて。で、こういう祭り方を。……なんかこういう祭り方をしてるのはここだけらしいの。猿田彦大神様の、こういう三つに分けて祭るのはここだけらしくて。で、ここでお祭りしてもらってるけど、ほんらいは伊勢に。けど顔がほんとに怒ってるの。

もとはね、二見浦。あそこがいちばんなのね。けどね、なんか分かんないけど、何かがあってから、もうとにかく形相がすごい。顔が。だからいままでこんなこと見たこともないし、言ったこともないのに、形相もそこから。今井さんが車曲がってから。あー、怒ってるって。で、貝がいきなり出てきて。この……。

今井　はい。シャコ貝が。

梨岡　はー、これに挟まれたら死ぬわ。

言うまでもないことだが、神は死なない。天狗も死なないと山形の天狗さんから伺っているし、人霊天狗からも、死は存在しないと聞かされている。平田篤胤《あつたね》に天狗世界（山人界）の情報を伝えた仙童《せんどう》寅吉《とらきち》その他の霊界参入者も、そろって同じことを言っている。

神霊が死んだという話は、自然界における死とはまったく別の意味があるらしい。それまでいた世界とは異なる世界に移ることを、死という言葉で表現しているのではないかと私は考えているが、現時点で確証はない。いずれにせよ、猿田彦さんがシャコ貝に挟まれて死んだという『古事記』等の伝承は、比喩的な表現と考えてまちがいない。神霊に死は存在しない。

今井　貝に挟められたんですか？　それとも自分で挟まった？

梨岡　自分じゃないね。

今井　自分じゃない？

梨岡　自分じゃない。

不二　挟まれたんですか？

梨岡　うん。自分じゃない。人間と同じで、神様の中にもいろいろあるらしくて。

不二　うんうんうん。

梨岡　……（霊聴があったらしく、沈黙後ささやくように）いや……これ、アマテラス大神様、関わってますね。

今井　あ、関わってます？

梨岡　うん。……何かでアマテラス大神様が怒って、それで（伊勢から猿田彦さんが）出されたの。……あっ！　だから向こう（内宮）でも、アマテラス大神様、何かあったら戦闘モードに。戦いでって（告げてたんだ）。普通の一般のイメージだと（戦闘神のイメージは）まったくないんだけど、裏の顔はそれこそ戦いの神様。……手に負えなかったんでしょうね。

今井　ああ、猿田彦さんが？

梨岡　うん。だからちゃんとこういった丁寧な祭り方、してるんじゃゃ……。

不二　いまここで祭られているのは、じゃあ、不本意で嫌なんですか？

梨岡　嫌なの。

今井　ほんとはどうされたいとかもあるんですか？　また伊勢にもどしてもらいたいとか。

梨岡　ほんとは伊勢にもどしてもらいたい。二見浦に。

今井　二見浦にもどしてもらいたいと。……ここは封印されてる感じなんですか？

梨岡　ここはね。

不二　そういうことですね。封印……されてるんですよ。だからいまでもずっと続けて怒った顔で現れるっていうのは、そういうことなんですね。

今井　解放されてないとか……。

不二　うん。あの、猿田彦大神様の分霊が、あちこちで働かれているわけですよ。だからその霊が、二見浦でも、このあいだ行った凄まじいエネルギーを発しているあそこ（秘するように言われているので場所は書けない）でも働いていらっしゃるんだけれども——。

梨岡　そうです。そうそうそう。

不二　伊勢から出されて、こっちのほうに追放されて、ここに封じられたミタマと、二見浦のミタマ、どちらがご本体ですか？

梨岡　ご本体はね、二見浦。

不二　ご本体は二見浦。

梨岡　あそこはね、いまもね、やっぱこうすごく大きな、海の中の岩に、猿田彦大神様が立ってるのがこう見えてるのよ。

不二　そちらの猿田彦大神は、普通の穏やかな顔というか、普通の顔されてる？

梨岡　そうそう。だけどこっちは形相がね、すごい。怖い。……怖い。怒ってるの。

突然訪れた別れ

以上が阿射加神社における交霊の該当部分だ。

伊勢神宮は「あとの話」であり、ずっと先からいた猿田彦さんが、あとから成立した伊勢神宮によって排除され、松阪に「封印」された。そしてこの一件には、アマテラスさんも関わっていた。そのため怒っていると阿射加神社で教えられたのだが、その話が、宇治山田でまた出てきたのである。

ふたたび居酒屋食堂での交霊記録にもどろう。

梨岡　だから伊勢神宮は、ある意味全部あとのこと。全部自分たちでこうやっていって(創作したということ)。それこそ今日も行ったところで、地元の神様いろいろいてはるのに、合祀したり(伊射波神社や海士潜女神社などのこと)。あれはほんとによくない話。猿田彦大神様もほんと一緒に。だから猿田彦大神様、あそこにいてませんから。

不二　なるほどね。

今井　あそこというのは?

梨岡　伊勢神宮の――。

今井　伊勢神宮?

不二　いや、伊勢神宮の横にある猿田彦神社でしょ。あそこいてないっていうのは、もうね、前回(お聞きしてるから）。

今井　あの、今日伊射波神社にお邪魔させていただきまして、白鬚の神様ということで、前は祭って
て、あそこ（伊射波神社）に合祀したんだけれども、あの位置というのは、猿田彦大神様、一
回あそこに降りられて二見浦に行かれたんですか？

不二　ああ、そうそう。ごめんごめん。じゃあ、あっち（志摩）から来て――。

梨岡　来た。

不二　伊射波神社じゃなくて、あの海士潜女神社です。

梨岡　来た。で、二見浦があの――。

不二　もう最終的にこう。

梨岡　あそこが良い場所だったんですか？

今井　良い場所なの。あそこが。

梨岡　あの岩の……。

不二　海の中の。

梨岡　次々とお伺いしてあれなんですが、今回この三人の旅に出る前日に、夢に。ちょっとうたた寝
なんですが、そのうたた寝のときに、（猿田彦さんが）現代人のお姿で――。

梨岡　（かぶせて）知らせたの。

不二　やっぱりあれは大神様、来てくれたの？

梨岡　「知らせたんだ」って。

不二　やっぱりそうか！

梨岡　役割、ちゃんと。

不二　だからあの、目覚めてすぐに猿田彦さんではなかろうか、なかろうかと、その思いがずっとあって。（東京駅で待ち合わせたときに）京さんに（夢のヴィジョンについて）聞いて。こういうお顔をしてて、こういう……。もう猿田彦大神様の身体がエゲツなくて、胸板がべらぼうに厚くて、「うわあ！」って感じで、すごいなあというね。

梨岡　そうなの。

不二　現代人の格好だったもんだから、すぐにはパッとこなかったんだよ。でも起きてすぐに「猿田彦さんだ」とピンときて、スケッチして。あとで京さんに確認しようと思ったんだけど、いま確実に確認できました。ありがとうございました。

不二龍彦の夢に出現した「猿田彦さん」のスケッチ。胸板が厚い。不二の自筆。

前巻『天狗編』の天狗の鼻に関する記述の中で、右のスケッチを掲げておいた。ただし、そこに書いている「荒熊神社に詣でる前日」という説明は私の記憶違いで、この葛城・大台ヶ原・伊勢志摩・尾張の旅に出る前日に見た夢だったことを、居酒屋食堂の記録を読み返していて思いだした。この取材旅に引き続いて、次章で書く荒熊神社への旅に出ていたので、記憶が混乱したのだ。

やはり録音等でしっかり確認しておかないといけないと思い知らされた。神霊がこう言った、ああ言ったと書いているものがあるが、記憶に頼って書かれた話には、この種のまちがいや混乱が生じる可能性が大きい。実際、先の話と後の話で内容が違っている文章が少なからずあることは、この種の本を読んでいて何度も経験している。自戒をこめて、前著のその部分を訂正しておく。

不二　あのとき（夢に現れたとき）、いまいる場所からフランスに行くのも、日本の東の方だったと思うんですが、そこに行くのもまったく同じなんだっていうことを、猿田彦さんは夢の中で何度もくりかえしおっしゃっていたんですが――。

梨岡　「時空は関係ない」

不二　そのことを教えられたんですか？

梨岡　うん。時空は全然関係ないから。

不二　ふーん。いや、ありがとうございます。（猿田彦さんは、夢の中で「東西は関係ない」ということを教えてくださったようだ。フランスが西、日本の東方が東の空間を象徴している）

今井　あと倭姫さんが伊勢に来たとき――。

梨岡　あっ、出て行った。

今井　あー……終わり？

梨岡　出て行った。突然来て、で、あと何分とかって言ってくれないので。だいたい神様、突然現れたりとかしてて、でまた突然帰ったり。

不二　とりあえず今回伝えることは、もうこれで伝え終わったってことなんでしょう。

今井　ああ……。倭姫さんと会われたかどうか。あと南方というのがどこらへんの南方かっていうのを聞こうと思ったんですが、行かれちゃった。（笑）

猿田彦さんとの交霊は、これで終わった。その後、われわれは尾張方面に向かい、桑名の宿に入ると、さっそく部屋で倭姫との交霊準備にとりかかった。

実は宇治山田の居酒屋食堂に入る前、われわれはこの日の最後の取材地として、神宮の倭姫宮に詣でていた。すぐに倭姫の感応があり、多少の交霊も行われた。けれども姫がすぐに姿を隠されたので、われわれに何か不首尾があったのかと気をもんだ。すると倭姫から京さんに、「今夜、あなたたちの宿で話をします」と通信が来て、安堵の胸をなで下ろしたのである。

この夜は、通信どおりに倭姫が来臨し、無事交霊が行われたのだが、その内容をここで書こうとすると、別のテーマに飛んでしまう。それについては続巻に譲り、猿田彦さんに話をもどしたい。

第三章　眷属・化身たちとの邂逅

一 『日本書紀』に登場していた猿田彦の謎の眷属

神功皇后が撃ち滅ぼした「羽白熊鷲」は天狗だった

猿田彦さんがまず九州に入り、何百年か後に、二見浦の興玉神石に遷座したという通信の中身は、前章までに書いてきたとおりだ。

猿田彦さんとは何度も交霊を重ね、夢に姿を見せていただいてもいたし、ほかの天狗さんたちともやりとりを積み重ねてきたので、われわれがコンタクトしている天狗霊は、たぶん猿田彦さんでまちがいないだろうとは思っていた。けれどもその一方で、果たして本当にそうかという思いも、依然として心の奥底にくすぶっていた。

記紀神話における猿田彦さんの伝承は、ここまで紹介してきた内容がほぼすべてで、ほかには何もない。記紀神話が国津神として扱った神は、ほとんど名のみという方が少なくないので、猿田彦さんはまだ情報が多いほうだ。とはいえ、記紀神話をこれ以上ほじくりかえしても、さらなる情報は期待できないだろうと思いながら『日本書紀』をパラパラと繰っていたところ、ふと神功《じんぐう》皇后の熊襲征伐で目が止まった。以下がその部分だ。

「荷持田村《のとりたのふれ》に、羽白熊鷲《はしろくまわし》という者がいて、その人となりは強健であり、身体に翼をもち、よく空高く

京都の名社である伏見稲荷大社。祭神の１柱である佐田彦神は猿田彦神のことだという。

飛び、皇命に従わないで、つねに人民を略奪していた。……皇后は、熊鷲を撃とうとされて、橿日宮《かしひのみや》より松峡宮《まつおのみや》にお遷りになった。……辛卯《かのとう》（三月二十日）に、層増岐野《そそきの》に至られ、兵を挙げて、羽白熊鷲を撃ち滅ぼした」（『日本書紀』神功皇后摂政前紀・仲哀《ちゅうあい》天皇九年三月、井上光貞訳）

身体に翼があって、空高く飛ぶ——これはどうみても天狗だ。いま「羽白熊鷲」の文字に目が止まったのは、あるいは神霊からの知らせかもしれないと私は思った。霊からのこうした伝達はよくあることで、とくに文章を書いているときに、何度となく体験してきている。

この説話が何らかの実在の天狗伝承を受けて書かれたものなら、九州の天狗界を束ねていただろう猿田彦さんと羽白熊鷲には、接点があってもおかしくない。いや、実在の天狗なら必ず接点があるはずだ。天狗界には、山々をネットする広域の情報網があると聞いているからだ。

神功が撃ち滅ぼした羽白熊鷲の居所とされている荷持田村は、古くは筑前国夜須郡《ちくぜんのくにやすぐん》に属し、現在の福岡県甘木市野鳥《あまぎのとり》と推定されている。現地名の野鳥は、ノトリタ村の荷持田を野鳥に置き換えたものらしい。かつて古処山《こしょさん》(約八六〇メートル)の南西麓にあり、この地を流れる野鳥川の流域に展開していた村だ。羽白熊鷲が天狗なら村などに住むわけはなく、これはただの伝説だろうで終わるのだが、村が古処山の麓となれば話は変わる。羽白熊鷲が古処山の天狗となるからだ。

羽白熊鷲のことは、文献では探りようはない。けれども霊査なら、じかに猿田彦さんに伺うことができるはずだ――私はそう考え、羽白熊鷲について調べ始めた。すると、京都伏見《ふしみ》の稲荷《いなり》山の中腹にある熊鷹《くまたか》社が、どうやら羽白熊鷲の神霊を祭る小祠だということが分かった。

稲荷山では熊「鷲」ではなく熊「鷹」となっているが、両者はどうやら同じ天狗霊を指しているらしい。九州の天狗が、なぜはるかに離れた京都伏見のウカノミタマ(宇迦之御魂=稲荷神)の神域に祭られているのかなど、すべてが謎だらけだったが、とにかく猿田彦さんにじかに聞いてみようと、私は考えた。まさにその矢先の二〇二三年六月二十三日、ひょんな縁から、第一章で記した知多半島の荒熊神社を訪ねることになったのである。

伏見稲荷と猿田彦の秘められた関係

第一章で書いたとおり、到着前から猿田彦さんの出迎えを受けていたわれわれは、まず真っ先に本殿の神霊にご挨拶をした。本殿には荒熊大神が祭られているはずだったが、いま来ているのは猿田彦さんだと京さんが断言したので、ご挨拶後、ただちに交霊を開始した。

今井　荒熊神社の社殿内にいます。参拝終わりました。

梨岡　ここの神様は猿田彦天狗さんです。だから呼ばれたのよ。

不二　なるほど、猿田彦さんが。

梨岡　もうここは猿田彦天狗さん。ここでは大神様って言ってますけど、ほんとは猿田彦天狗さんがいてて、ほんとに守られてます。で、お稲荷さんも京都のほうからやっぱりここに来られてます。で、もうひとつ、ここで祭ってもらいたいのは……あの、おじいさんの……。

不二　宇賀神《うがじん》ですか？

梨岡　そうそう、宇賀神。「宇賀神を祭ってほしい」と。宇賀神も祭っていただくと、ここ、いいんですよ。いま両サイドにお稲荷さん（これは眷属白狐《びゃっこ》の像のこと）があって、それはそれでいいんだけど、なんかこうひとつ欠けてて。何が欠けてるかなと思ったら宇賀神で。

驚くべきことに、交霊の冒頭でいきなり伏見稲荷大社の主祭神である「宇賀神」という言葉が飛び出した。宇賀神とはウカノミタマのことだ。

先に書いたとおり、ウカノミタマを祭る京都・稲荷山の中腹には、熊鷹（羽白熊鷹とも呼ばれている）を祭神とする熊鷹社がある。しかも伏見稲荷大社は、ほんらい猿田彦さんを主祭神の一柱として祭っていた。室町時代の『二十二社註式』に、稲荷山の上社を「猿田彦命」としていることなどから明ら

昭和46年（1971）の荒熊神社遷座祭の記念写真。中央が島田覚正、その左隣りが清水清元行者。

かで、そのことは荒熊取材後に知った。

伏見稲荷に関する他の伝承では、猿田彦さんは「佐田彦《さたひこ》」とも書かれている。先の「サダル」神、先頭に立って諸事を導く導きの神のことだ。

かつて伏見稲荷大社には、この猿田彦さん、龍蛇神と思われるウカノミタマ、神の取次ぎ役だった古代巫女の神格化である大宮女命《おおみやのめのみこと》の三座が、上社・中社・下社の主祭神として祭られていた（祭神については異説が多い）。ただしこの時点で、われわれはまだそれを知らない。知らない中で、交霊の冒頭、いきなり「宇賀神を祭ってほしい」という言葉が、猿田彦さんから飛び出てきた。こちらが質問する前に、聞きたいことを神霊が先に口にするというケースは、これまでにも何度もあった。このときもまたそうだった。

その後、話題は、荒熊神社を守る清水清元宮司の師匠の島田覚正行者に移った。行者の最後の弟子だった清水宮司によれば、島田覚正は十歳のとき神隠しに遭い、八年間も天竜川沿いの山中で修行をして、俗世間にもどってきたという。

財産・著述などは何も残さず、身ひとつで帰幽しているので、世間的にはまったくの無名だが、その島田行者からじかに教えを受け、数十年間「温かい布団で寝たことはほとんどない」というほど過酷な荒行にとりくんできたのが清水宮司で、彼女によると、師の島田は天狗とも自在に会話し、目の前で池の上をスタスタ歩くなど、数々の不思議をいとも平然と行っていたという。

梨岡　この島田さんも（師の天狗から）逃げられなくて。島田さんがいなくなったので、身内が捜索願い出したりして、それもぜんぶ分かってるんです。分かってるんだけど、ツバつけられたら、もうどうしようもない。天狗さんの許しが出るまでは、この世に出してもらえない。（京さんは伝えられたままを話しており、島田行者に関する知識はなにもない）

不二　それで猿田彦さんにお聞きしたいんですが、島田さんは鳴海《なるみ》（現・名古屋市緑区）の緒畑《おばた》稲荷神社のご長男として生まれたと清水宮司が書かれてます（『女行者一代記』）。で、その緒畑稲荷は、伊勢の宮川の近くの小俣《おばた》神社（神宮外宮摂社、主祭神はウカノミタマ）から、中世に勧請《かんじょう》されたと伝えられているようなんです。その伊勢の小俣神社というのは、猿田彦さんが志摩のほうから二見浦に回ってきて、そこにも一回、御鎮座された場所なんでしょうか？

梨岡　はい、そうです。

不二　そうですか。で、ひとつ是非ともお伺いしたいと思うことがありまして。その伏見稲荷ですね。

緒畑稲荷神社の裏参道（名古屋市緑区）。荒熊神社をバックアップした行者・島田覚正は、この神社の宮司の子として生を受けた。

伏見稲荷に熊鷹社というのがあって、そちらで島田さんも、あるいはこちらの神様（荒熊大神）も修行したという伝えになっています。「修行した」ということの意味が私は分からないんですが、とにかくものすごく伏見稲荷と深く関わってる。

梨岡　そう……。

不二　で、猿田彦の神様、伏見稲荷とどういうご関係なのか、もし一端でもいいからお聞かせ願えれば――。

梨岡　もうね、ここに天狗さんが祭られたときに、やっぱり眷属で、お稲荷さんがどうしてもこうセットになって来たんですよ。それで、ここの島田さんという方がお稲荷さん（の社家《しやけ》）に生まれたのも、やっぱりもう約束事があったので。京都に行ったこととか、もう全部が繋がり。ここ、眷属がお稲荷さんです。

これは問いに対する答えにはなっていない。

猿田彦さんが、ここで伝えてもまだ不二には分からないだろうと判断したか、複雑な経緯を説明しても京さんには伝えきれないと思われたか、そのあたりの理由は不明だが（霊視については京さんはすでに卓越した力を発揮するようになっていたが、霊聴はまだ力に不足があり、もっと力をつけないといけないという旨の霊言が複数の神霊から何度も来ていた）、いずれにせよ現状ではここまでだという猿田彦さんの意思だけは伝わってきた。そこで私は、質問の方向を変えた。

羽白熊鷲は荒熊大神のことで、猿田彦の眷属だった

不二　先ほどの宇賀神さん、ウカノミタマをお祭りせよというのは、猿田彦さんの――。

梨岡　そうです。

不二　お話ですね。それをこちらの宮司さんにお伝えせよということですね？

梨岡　もう、そうです。

不二　はい、分かりました。しっかりお伝えさせていただきます。

それであの、羽白の……。九州の話です。神功皇后が羽白の熊鷲という方を撃ち滅ぼしたという話が『日本書紀』に出ております。で、その熊鷲と呼ばれている方には翼があって、空を自在に飛べたという。これも『書紀』に出ております。で、この羽白熊鷲と伏見稲荷の熊鷹大神、それにこちらの荒熊大神とは同じ神だという説があるんですが。

梨岡　（かぶせて）そうです。（即答）

不二　それでよろしいですか!?

梨岡　同じ神様です。（断言）

不二　羽白熊鷲と荒熊大神は同じ神様ですか!?

梨岡　そうです。

不二　ということは、もうひとつお聞きします。以前、われわれが瀬平公園に行ったときにご指導いただいて、そのときそこ（九州南端）から後に伊勢のほうに回って行かれたという話もお伺いしてます。で、その前に九州の中で人々を指導されて、そこで活動されたような時期が――。

梨岡　（かぶせて）はい、あります。

不二　ありますか！

梨岡　全部繋がってます。

不二　なるほど！　じゃあ今回、ここに来る前に私が何をいろいろ調べていたかというのは、たぶん猿田彦天狗様はとうにご存知だと思うんですが、そこで調べている筋というのは――。

梨岡　（かぶせて）オーケーです。

不二　オーケーですか？　ありがとうございます。

梨岡　全部繋がりが――。

不二　繋がりがあって。ああ、得心しました！

羽白熊鷲は荒熊大神と「同じ神」だと猿田彦さんは明言した。これが事実だとすると、羽白熊鷲は九州から京都の稲荷山に移って熊鷹社の熊鷹大神となり、そこから東海地方に移動して活動したのち、知多半島で荒熊大神として落ち着いたと推定できる。

羽白熊鷲から羽白熊鷹、さらに荒熊大神と名は変わっているが、通称には、そろって「熊」の字がつけられている。さらに鎮座地も熊鷹社に荒熊神社で、

羽団扇を手にした天狗像。高尾山薬王院にて。

「熊」とは切っても切れない関係が暗示されており、まさしく「全部繋が」っている。しかも熊鷲や熊鷹などの猛禽類は天狗とは縁の深い鳥で、能楽《のうがく》で用いてきた天狗の羽団扇《はうちわ》は、これら猛禽類の尾羽からつくるのだ。

羽白熊鷲の系譜につらなる神霊は、荒熊神社では猿田彦さんの長男とされてきたと清水宮司や息子の英勝禰宜《ひでかつねぎ》から聞かされたが、二〇二四年四月の取材で、猿田彦さんの長男（分霊）ではなく、猿田彦さんのもとで働く眷属天狗だということが判明した。猿田彦さんが「眷属だ」と明言したのだ。これで、羽白熊鷲が九州時代、猿田彦さんとともに活動していたことが、ほぼ明らかになった。

くりかえし書いてきたとおり、猿田彦さんは鹿児島から九州に入った。けれども南九州に留まっていたわけではない。記紀の天孫降臨神話で天皇家と関係を持たされていることや、猿田彦信仰（道祖《どうそ》神《じん》、塞《さえ》の神、田の神、クナドの神など異名は多岐にわたる）の全国的な広がりの大きさ、深さなどからみて、薩摩や大隅の隼人族だけが猿田彦さんを奉じたと考えるのは不可能だ。

伊勢に移る前の時点で、猿田彦さんは九州各地の海人族（九州は古代海人族のメッカだ）と繋がりがあり、さまざまに信仰されていたのではないかという考えから、私は九州内で活動された時期があるかどうかを尋ね、先の交霊記録にあるとおり、「あります」という明言を得た。

荒熊神社に呼ばれたことで、記紀では見えない猿田彦さんや、眷属天狗である羽白熊鷲（荒熊大神）の足跡の一部が、ようやく見えてきた。そこでわれわれは、後日、九州を訪れた際、古代九州に本当に羽白熊鷲の足跡があったかどうかを確認するため、神霊に尋ねて回った。

そのときの交霊を紹介するには、五、六世紀の九州および畿内の古代史の話をする必要があり、相当な長さになってしまうので、ここでは結論だけを記しておく。

九州屈指の霊域といってまちがいない高良山《こうらさん》（福岡県久留米市）の神霊、およびヤマトの継体《けいたい》天皇の軍勢と戦って撃ち滅ぼされた筑紫君磐井《つくしのきみいわい》の人霊の双方から、われわれは羽白熊鷲の活動を、リアルに伺うことができた。

このときの交霊により、羽白熊鷲（のちの羽白熊鷹＝荒熊大神）が六世紀初頭までは筑前にいたことが確認できたのである（九州関連の交霊は後日『九州編』および『継体天皇編』で詳述する）。

二　白鬚の猿田彦

荒熊神社の仏画に浮き出てきた「白鬚さん」

荒熊神社は、猿田彦さんを追う上でまさしく大きな転機となったが、それは荒熊神社にとっても同様だったらしい。三ヶ月後の二〇二三年九月二十二日、ふたたび荒熊神社を訪れたとき、清水宮司から、いきなりびっくりするような話を聞かされた。

荒熊神社は山上に荒熊大神の本殿があり、下に神仏習合の拝殿を備えた社務所がある。その社務所には、ご祭神のほかに弘法《こうぼう》大師も祭られており、お遍路《へんろ》姿の大師さんの軸が掛けられている。

その軸に、それまでなかった「顔」が浮き上がったと宮司が口にした。

話を聞いて、すぐに京さんが立ち上がり、軸を見て「ほんとにお顔が浮き出てるわ」と感

荒熊神社の弘法大師の軸画。画面右下に「白鬚さん」の顔が浮かんでいるというが、常人には見えない。「白鬚さん」は猿田彦神なのか。

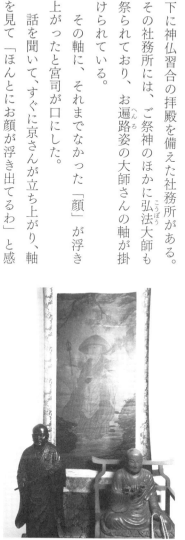

嘆した。私も立って画幅を見た。私の凡眼では顔は確認できなかったが、京さんと同じく宮司も霊視者で、霊眼が働く。どうやら彼女たちのような能力者にしか見えないらしい。「このお顔は白鬚《しらひげ》さんです」、宮司が何気なく言った。驚かされたのは、白鬚という一言だ。

このときの録音記録がある。社務所での会話で、京さんのほか、清水清元宮司・清水英勝禰宜とのやりとりが録音されている。以下は京さんが「顔が浮き出ている」と言ったあとの部分からだ。

不二　（京さんに向かい）顔が出たっていうのは――。
梨岡　お大師様のところに。
不二　そこに出られた？
梨岡　はい。
不二　（清水宮司に向かい）われわれが来て、そのあとに出られたんですか、そのお顔は？
宮司　（そうだとうなずく）
禰宜　（顔のことは）今日、私、初めて聞きました。
不二　あっ、今日初めて？
宮司　いままで全然そんなことなかったんです。
禰宜　（顔のことを宮司は）いっぺんも言ったことないですからね。
宮司　おたくさんだちがお見えになって、そのあとです。お顔が見えたのは。
不二　あ、そうですか。で、白鬚さんなんですね？

宮司　はい。白鬚さん。
不二　白いヒゲですよね。白鬚大神というのは、猿田彦さんの別名なんですよ。
梨岡　えーっ⁉
宮司　そうですか？（非常に驚く）
不二　そうなんです。ですから私、さっきね、宮司さんから白鬚さんのお名前が出たので、あ、猿田彦さんがお顔を現してくださったのかなと思いまして。で、まずそれを確認したい。
（京さんに向かい）白鬚さん（の霊視像は）、猿田彦さんじゃないですか？
梨岡　……そうなのよ。……すごいねえ。（ため息）
不二　猿田彦さんでしょう？
梨岡　（うなずく）
不二　だよね。うん、白鬚さんが。じゃあ猿田彦さんがお顔を現してくださったんだ。
宮司　はあー！
不二　ちょっと驚いたんですよ、私も。
宮司　私もねえ、なんか仏様のほうのねえ、何か怒っておるのかねえ。何か私があの怠っておるか、何かまちがえていて、でご機嫌が悪くて、顔が（現れたのかと）……。
不二　いや、わざわざお顔を出してくださった。猿田彦さんは荒熊さんのさらに上のお父さんにあたるわけですから（これは荒熊神社の伝えに従って話している）。そのお方がお顔を示してくださったというのは、もう怒るも何も、すごい大変な祝福だと思います。それは。

宮司　はあああー！　そうですか！

不二　いや、びっくりしました。

宮司　いままで全然見えなかったんですよ。

禰宜　で、先生(梨岡のこと)たちが来る前の——。

宮司　先生たちが来てくださって、そのあとですよ。

禰宜　それまであの、毎朝毎日、神様呼ばう時に、荒熊大神、熊鷹大神、長者合槌命《ちょうじゃあいづちのみこと》の三体と、あとご眷属さんを呼ばうんです。そしたら先生たちがもどられて二、三日してから、神様がご降臨したときに「猿田彦大神もこの山にいるから、猿田彦の大神の名前も呼んでくれ」と言われて——。

不二　あっ、そうですか！

禰宜　それからもう毎日、あの四体になるですけど、四体の神様のお名前を、ここでお参りするときも四体の神様のお名前を呼ぶようにしています。それまでは一切、猿田彦大神という言葉は、一切申し上げたことはないです。

白鬚明神は猿田彦の変化身だった

白鬚明神は白鬚、白髭、白髯と異なる表記がある。鬚はアゴヒゲ、髭は鼻下のクチヒゲ、髯はホオヒゲで、部位によって漢字が違う。

猿田彦さんはいずれのヒゲも生えているので、白ひげ明神と書くのが本当なのだが、そういえるの

近江の白鬚神社の大鳥居。琵琶湖中に建つ。全国の白鬚神社の総本宮である（滋賀県高島市鵜川）。

は霊視者の京さんがじかにそのお顔を見知っていたからで、一般には通用しないだろう。全国約百九十社といわれる白鬚神社の本社は、先にも書いた琵琶湖の湖岸にある白鬚神社（滋賀県高島市鵜川《うかわ》）なので、本書でも慣例に従って白鬚神社と書いている。

現在の神社祭神の多くが入れ替えられたまま放置されているのと同じく（これは神社本庁の怠慢と、神霊に通じることのできない神職らに神社を預からせている体制の問題というほかはない）、白鬚神社も、大己貴神《おおなむちのかみ》（大国主神《おおくにぬしのかみ》）、少彦名神《すくなひこなのかみ》、天御中主神《あめのみなかぬしのかみ》、天太玉命《あめのふとだまのみこと》など、およそ実体とは無関係の神霊を祭神としているところがあり、いったいどの神のヤシロか分からなくなっている。けれども白鬚明神は、右に書いてきたとおりの猿田彦さんなのだ。

白鬚明神は国津神系・非高天原系の民間信仰の神とされているが、数多い猿田彦天狗の変化身《へんげしん》のひとつだ。いまもいかなる神か不明のままの白鬚明神だが、それは皇家神道により、猿田彦さんが「隠された神」

のまま放置されてきたからだろう。

ただしその活動の幅広さは、日本の津々浦々まで広がっている民間の猿田彦信仰を見れば一目瞭然で、それについては飯田道夫氏の『サルタヒコ考』が、みごとにまとめあげている（ただし猿田彦観については、われわれと見解が異なる）。

こうしてわれわれは、猿田彦氏の導きのまま、一歩一歩、本筋に近づいていった。けれども、ここまで書いてきたことは、まだ猿田彦さんの序の口中の序の口だった。

何度も書いてきたとおり、猿田彦さんは「南」から来た。

そしてこの国では、覚南大天狗さんの副官として働いてきた。

そのことは、覚南さんも猿田彦さんも「そうだ」と答えてくれている。

これは何を意味するのか。いよいよ猿田彦さんの奥宮に入っていく段となった。

第四章

猿田彦とインドの知られざる関係

インドのシヴァ神

一　シヴァ神系天狗、あらわる

古峰ヶ原で白狐のお出迎え

猿田彦さんの実像に関わる情報は、まったく予期せぬところからもたらされた。それを書くためには、荒熊神社で白鬚明神の出現に驚かされた翌月の旅から話を起さなければならない。

この年（二〇二三年）十月、われわれは栃木・新潟・長野を巡る霊査の旅に出ていた。

旅には三つの大きな目的があった。ひとつ目は、刊行予定だった『霊査の古代史1　天狗編』に関わる疑問点を、栃木県鹿沼《かぬま》市の古峰ヶ原《こぶがはら》（標高約一三〇〇メートル）で山形の天狗さんにお尋ねすること（以前われわれは古峰ヶ原の深仙巴《じんぜんともえ》の宿と呼ばれる祭場跡で山形の天狗さんから教えを受けている）、二つ目は、私が三十数年前からずっと心を寄せ、雑誌や著書でも紹介していた国安《くにやす》普《ふ》明㷔《みょうこう》仙人を祭る普明神社（新潟県南魚沼《みなみうおぬま》市五箇《ごか》）に詣でて交霊を試みること、三つ目は、まだコンタクトしていない大天狗の一人である飯縄《いづな》三郎さんとの接触を試みることだった。

このときの旅の成果の一部は『天狗編』で書いているが、これから述べる最大の成果については何も触れていない。あまりにも信じがたい内容だったため、じっくり調べたうえでなければ書けないと思っていたからだ。

取材は十三日からだったが、古峰ヶ原には朝から登拝しようということで、前乗りした。宿泊先のホテルで夕食をとっていると、早くも天狗眷属のお出迎えがあった。京さんの霊視に、いきなり天狗の使役霊のひとつである白狐が現れたのだ。

白狐の示現《じげん》は、このときが初めてだった。飯縄三郎さんが白狐に乗るので、三郎さんの眷属だろうと思いながら、京さんの霊視を聞いた。

梨岡　狐の上に天狗さんいてるんだけど、いま天狗さんの姿は出してくれないのよ、見えなくて。で狐さんが見えてて、白狐さんなのよ。白狐さんが、私が正面から見たら顔が左向いてて、で座ってて。牛みたいに座ってて。白狐さん。

不二　その狐、よく背中を見てみて。なんかない？

梨岡　……（霊視に集中後、いきなり）ハッハッハッ！　なんか、ある！

不二　ある？（笑）　こういうもの（羽ばたきのアクションしながら）、ある？

梨岡　（大きくうなずく）

不二　あった？

梨岡　（笑ってうなずきながら）もう寒いよ、ほんと。寒くて。もう完全に眷属なの。

寒いというのは、神霊などが寄って来たときに霊媒に起る身体反応のひとつで、寄って来た霊がひき起している。寒気は悪霊や低級霊などが寄って来た証拠だなどと解説する者もいるが、そうではない。そうしたケースがあるのは事実だが、正真の神霊でもこの現象は起る。低級霊だと語るのは、その人のふだん相手にしている霊が、そのたぐいだからだ。

霊能の発現と寒気には何らかの未知の連関があるらしく、京さんは実際に体温も下がる。「ほら、こんなに冷たくなってるから」と言って手を当てられたことがあるが、事実、彼女の手は冷え切っていた。なぜこうした現象が起るのか、理由はいまのところ分かっていない。

不二 その狐、かつてこの世で肉体持ってたことのある狐なのか、そうじゃなくて、もともと狐と似た形をとる霊的な生き物なのか確認したいんだけど、どうだろうか。

梨岡 いまはね、そこまでは分かんない。言えることは、正面から見て左側に顔があって、結構大きいのよ。で、「尻尾がこうモワーンってなってて、不思議なんだけど、のらりくらり動いてるのよ。尻尾が天狗さんでいったら羽団扇のような役割してて。だから、よかったら尻尾が動くし、駄目だったら尻尾がもうね、ウンともスンとも動かないの。で、いまは（羽は）閉じてるのね。なんかあったら飛んでったり。天狗さんと一心同体というか。

不二 うんうんうん。じゃあ普通の状態でいる時は、羽があるかどうか見えないんだね？

梨岡 見えない。

不二 たたんでるから？

梨岡 たたんでるから。で、これ、先生言ってくれたからズームしたら。

不二 羽があった？

梨岡　あったわ。前に先生から「京さんさあ、意識してないんだけど、（霊視の）ズームできるんだよ。ズームしてるんだよ」って言われて、言われてみたらそうだった。で、いまズームしたら、あるのよ、ここ（背中）から（生えてて）。うわーっ、すごいなあ！

この回の霊査がほぼ全面的に天狗に照準を合わせたものだったので、いきなりの白狐のお出迎えは、予祝のように思われた。翌朝、われわれは栃木の古峯《ふるみね》神社から古峯ヶ原方面に進み、登拝口の駐車場で車を停めて、三枚岩と呼ばれる巨石が鎮座する山頂に向かった。

やがては猿田彦さんに繋がっていくこととなる摩訶不思議な霊視が、ここから始まった。

三つ目で体の青い天狗が示現

古峯ヶ原登拝口の、一の鳥居を越えてほどなく

天狗の霊地、古峯ヶ原にある三枚岩（栃木県鹿沼市）。ここを目指す途次に、謎の天狗が示現した。

のころだ。突然、京さんの前に、かつて一度も見たことのない奇っ怪な天狗が現れた。
今井さんが大急ぎで録音機を取り出し、スイッチを入れた。われわれの霊査の臨場感を読者に共有してもらいたいので、ここから先は少し長くなるがほぼそのまま引用していく。

梨岡 その方、なんか髪の毛が爆発したような感じの……。
今井 髪の毛は何色ですか？
梨岡 ……（分からない）
今井 皮膚は何色ですか？
梨岡 青。青くて……完全に青じゃなくて、ブルーっぽい青っていうか。ブルーっぽいね。
不二 装束は？ 修験《しゅげん》の格好してる？ それとも――。
梨岡 ほんと裸。
不二 裸!? なんかのパンツみたいな、毛皮かなんかのパンツは？
梨岡 パンツはいてるの。で、あとはほんとにもう裸。裸で、髪の毛がね。ちょっとこう、……んーん……モジャモジャってなってて。
不二 天然パーマじゃないけど、こう巻いてるような感じで？
梨岡 あ、そうそうそう。ちょっとウェーブかかってるみたいな感じの。天狗さんが。
今井 鼻高ですか？
梨岡 鼻はそんなに高くない。西洋人の鼻。悪魔みたいな、魔女みたいな鼻。

不二　ああ、ユダヤ鼻みたいな。（身振りで）こういう感じね？
梨岡　うん、そそそそ。日本の天狗の鼻じゃなくて、こういう。
今井　鷲鼻。
梨岡　そそそ。
不二　鷲鼻をでかくした感じなの？
梨岡　そそそそ、感じなの。へぇー！　（こんな姿の天狗は）初めてね。
不二　それはお迎えかね……。
梨岡　青い方、目が三つあるのよ。
今井　目が三つ!?（予想外の霊視に驚く。三つ目は霊査では初）
不二　縦に？（三つ目なら額に第三の目が縦についているはずだと思い、確認している）
梨岡　縦に。
不二　天狗さんは天狗さんなのかな？
梨岡　……そう。……天狗さんなんでしょうね。青い……。で、思ったら、お不動さんにもちょっと似てるかなっていうね、この。……ほんとにあのう、（目が）三菱のマークのあんな感じ。本当にもう額に。縦に（目がある）。
今井　蔵王権現《ざおうごんげん》とかってないですか？
梨岡　どうでしょう……。
不二　（大）威徳天《いとくてん》、「威徳天」って言って反応はない？

梨岡　威徳天ってなに？

不二　明王《みょうおう》なんだよね。明王の中で体が青くて……シヴァも青いな。

今井　はい、シヴァも。

不二　シヴァ神も青い。……で、……ウーン……。

梨岡　なんか右にね、なんか錫杖《しゃくじょう》みたいな、なんかこうとんがったものがこう付いてるのよ。

不二　鉾《ほこ》だね。右手に鉾持ってる？　三叉戟《さんさげき》っていうんだけど、先端の割れてる部分は三つ？　それとももっと多い？

梨岡　いやー……、三つじゃないなあ、もうちょっとあるなあ。

今井　先端、カーブしてるんですか？

梨岡　上のとんがったとこがカーブしてるの。

不二　あー、じゃあ三叉戟じゃないかな。左手は？

梨岡　左……（見えない）。パンツ一丁。で、口がね。下の犬歯が上に出てて、なんか持ってんだけど分かんないな……。

不二　三つ目で青い……。

梨岡　いままでにないよね。

不二　ないないない。

今井　天狗さんじゃないかもしれませんね。

不二　上まで行ったらもう少し分かるかもしれない。

梨岡　そっか。そうだね。ほんとにもうあの三菱のマークのあんな感じで。なんかこうずっと（こっちを）見てる。顔が、お不動さんにもなんか似てるんやなあっていうね……。

不二　犬歯が突き出てるのは不動尊《ふどうそん》の相のひとつなんだよ。ただお不動さんの場合は上と下の犬歯がこう出てて、食い違う形で描かれるんだけどね。

今井　この山の上は不動明王を祭ってます、確か。

不二　ああ、そうか。じゃあお不動さんの可能性もあるね。ただ、お不動さんだとすると、通常の持物《じもつ》は倶利迦羅龍《くりからりゅう》の剣なんだ。持っているのは。で、もう片方の手は羂索《けんさく》といって、魔物を捕らえたりとかするための縄をぶらさげてるんだけど……。まあ進んでいけば。なんか初めての方なので。

いかなる神霊、いかなる天狗が現れたのか、見当はつかなかった。録音にあるとおり、不動明王、蔵王権現、大威徳天、シヴァ神の名が出たが、決め手はなかった。けれど、後に判明することだが、ここに挙げられた神霊名は、いずれもしっかりマトを射ていた。

さらに登っていったところで、また突然の霊視があった。

牛や狐に乗る青い三つ目の天狗

梨岡　青い方のそばに牛がいてる。その方が立ってて、で、正面向いて、その方の左後ろに牛が。

不二　牛が？

梨岡　うん。（さらにそのすぐあとで、こんどは狐も現れた）
真っ白い狐さん。結構大きいのよ。尻尾もふさふさしてて、大きくて。いまこれ……七匹ぐらいかなあ。で、離れたところにさっきの牛さん、牛さんの首に玉みたいなのがあるのよ。ネックレスみたいな。それでなんかお不動さんじゃないけど、その青い方になんかあったら、首の玉が光るらしいの、牛の。で、その目玉が三つの方が牛さんに乗ったり、いろいろしてるらしくて。で、ネックレスみたいなものに、なんか字もあったり色もあったり。うーん……なんだろう。変わるのよ。

今井　色が変わる？

梨岡　色が、首の玉の。なんかいまずーっと（青い方が）そのことを言ってる。

不二　牛は白牛？　何色？

梨岡　白、白。

不二　白いよね。

梨岡　真っ白。

不二　角、でかいよね？

梨岡　（うなずく）

不二　その青い方、足は何本ある？

梨岡　足？　いま二本。

不二　そうかそうか……。うーん、狐さんが出てきた。白狐が出てきた……。

梨岡　でね、その方、狐にも乗るらしくて。

不二　狐にも乗る!?

梨岡　何だろう。だからいまその方は、牛にも乗ったりいろいろしてて。で、牛さんも狐さんも白なのよ。白狐さん結構大きくて。私から見たら顔が左に向いてて、その白狐さんも座ってて。で、その目が三つの方、鬼みたいな、天狗さんみたいな、お不動さんみたいな方、いまは立ってんだけど、座ったりいろいろするらしくて。乗るのよ。乗って、白狐さんが立ったときに、その方が白狐さんの上に乗ったり……あっ、羽がある！

不二　白狐に？　じゃあ天狐だ。狐の天狗だ。

梨岡　あー！

不二　青い方は羽ないの？

梨岡　羽？　あー、あるよ！

不二　ある？　じゃあ飯縄《いづな》系の天狗さんだ！　あの、周るでしょ、ぐるっと（今回は飯縄天狗ゆかりの飯縄山《いいづなやま》、戸隠山《とがくしやま》などを巡ると、昨夜京さんに説明したことを言っている）。だから事前に、お前たちこれから俺のところに来るんだぞっていうんで姿を見せてくれたんだ。ほら、（旅の前に）来てくださることがよくあるから。猿田彦さんも、われわれがあちこち周り始めるより前に、ほら、うちでみんなで飲んだときにいきなり出てきて（お姿を）見せてくれたように。それだ。

梨岡　あらー……。

不二　ああびっくり。じゃあやっぱり青い三つ目の方は天狗さんだわ。

梨岡　天狗さんなの？

不二　天狗さんだわ。で、白狐にも羽、あるんだよね。白狐はもう基本、羽があって。

梨岡　うん。で、このね、白狐さんは肩甲骨のところから羽が生えてんのよ。完全に。

不二　飯縄《いづな》三郎さんのところ、ずっと神仏習合で、一緒に（仏神を）祭ってたから。仏教系なんだよ。だから明日行ったらどっかにそのご縁のある明王さんなり何なり、仏教系のものが一緒に出てくると思う。山形の天狗さんはどっちかといったら神道とか、古代神様系の天狗さんなんだけど、飯縄さんは完璧に密教系の天狗さんなんで。

梨岡　あ、そうなの？

不二　うん、完全に。なるほど、だいたい繋がる。そういうことだと思う。それで、その白い翼のある白狐さんも見せてくれたんだ。

梨岡　あっ、そういったこと!?

不二　そういったことだ。そういうことだ。

梨岡　すごーい！　すごいすごい！

不二　ということはね、明日その飯縄系のところを霊査して回るときに絶対姿を見せてくださる。いろいろ教えてくださるわ。もうお姿を出してくださってるもの。

梨岡　すごい！

今井　すごいですね。

梨岡　ちびちびっていうのがまた（笑）。

不二　少しずつ、上に行くに従って（笑）。そうだね。素晴らしい。

シヴァ神系天狗にして飯縄三郎の化身

この日の夜、布団の中で、青い三つ目の方が何者なのかをずっと考え続けた。あまりに突飛で説明のつけようはなかったが、現れたのは、どうしてもシヴァ神関連の方のように思われた。

京さんからは不動明王の名が出た。今井さんからは蔵王権現、私は大威徳明王やシヴァ神を連想した。連想が、深層意識を経由しての霊界へのダイビングだったり、霊界からの示唆になっているという体験は、よくしていた。とりあえずはそこに頼った。

大威徳明王が乗っている水牛。『大正新脩大蔵経図像部』第６巻「明王部図像」より（提供＝SAT大正蔵図蔵DB）。

不動明王も大威徳明王も、体色は青黒く、三眼をもつ。ルーツをたどればシヴァ神に行きつく。京さんの霊視でまっさきに出てきたモジャモジャの縮れ毛も、不動明王の頭髪であると同時に、シヴァ神の頭髪だ。朝、目覚め後にスマホで検索をかけると、シヴァ神のきわだった特徴のひとつがこの頭髪で、シヴァ神の異名のひとつの「ジャティン」は「もつれた髪を持つ者」の意味だとあった。くるくると丸まった髪で、不動明王もまさしくこの髪型をしていた。

白い牛も、シヴァ神の乗物として信仰されてきた聖牛ナンディンを連想させた。ナンディンは京さんの霊視に出てきたとおり、

インド南部のマイスールにある聖牛ナンディンの像（写真＝Ramesh NG）。

体が真っ白で、玉の付いたネックレスを頸に回している。

考えれば考えるほど、最初に京さんが告げた霊視像は、シヴァ神の姿に化身したシヴァ神系の神霊のほかはありえないと思われてきた。天狗とシヴァ神はあまりに突飛な組合せであり、理解の範囲を超えていた。けれども、強い縮れ毛、青い体色、毛皮のパンツのほかは裸体で、手には鉾状の武器を持ち、白牛に乗る神——私にとって、それはまさにシヴァ神だった。

さまざまに思いを巡らせたあと、朝、京さんと今井さんに「あの青い天狗はシヴァ神系の天狗だと思う。今日、三郎さんに確認できるかもしれない」と告げて、この日の取材に出発した。

新潟の普明神社で首尾よく国安仙人との交霊がかない、ほかでは得られない霊術に関わる教えをいただいたあと、われわれは飯縄三郎さんの活動拠点である長野に向かった。

山形の天狗さんからは、飯縄《いいづな》山や戸隠山を本拠とする飯縄《いづな》系の天狗は、東国の自然霊天狗とは系列が異なり、「関係がない」と昨日聞かされていた。

その飯縄山の飯縄《いいづな》神社里宮で、京さんと飯縄三郎さんが、すばやく繋がった。

「昨日お姿を現してくださった飯縄三郎さんがこちら、お鎮まりですか？」と確認すると、京さんがうなずいた。そこで単刀直入にシヴァ神について尋ねた。

不二　昨日非常に珍しいお姿を現してくださいまして、そのお姿がシヴァ神とそっくりなんです。で、なぜあのような姿をお見せくださったのか、そのワケを伺いたいのですが。

梨岡　もうね、私が何も知らんから。だからああいった姿で（言葉で言っても分からないので、映像によって自分が何者かを伝えたという意味）。結構いろいろ姿変えるらしいのよ。姿を変えて、やっぱりその天狗さんとね。シヴァ神、なんか似てるみたいで。

不二　……うんうん。

梨岡　で、そのときの状態によって、自分を変えていく。俗に言う七変化していくっていう、体が。で、私たちが天狗さんをオワイていってるから。

今井　ん？　天狗さんを……？

梨岡　天狗さんを私たちが。

今井　「オワイ」って何ですか？

梨岡　追いかけて行ってるって。

不二　おお、追いかけて行ってるか。（古語にも「追わえる」という表現がある）

梨岡　ね。その方から見たら、私たちが（天狗を）おわいて行ってる。で実際は違うんだけど、私たちが呼ばれて行ってるのね。それでね、どうしても関係があって。

不二　天狗がシヴァ神と？

梨岡　シヴァ神と関係があって。それで（飯縄三郎さんが）そういう姿見せたらしいのね。それはいま、誰も知らないことだから。

不二　知らない、知らない。

梨岡　だからこれからはね。それをまた「解明していい」って。しないといけないらしいのよ。で、その青い姿、あれやっぱそうなの。

不二　そうなんだ。三郎さんがシヴァ神の姿に化身したということですね？

梨岡　そうですそうです。

シヴァ神系の天狗というものが存在することを、このとき初めてわれわれは知った。

山形の天狗さんは、太古からこの国土で活動していた土着の自然霊天狗ということだが、外国から多数の異種の天狗が日本に入ってきていることは教えられていた。実際われわれは、古代中国や朝鮮半島由来だと語る天狗と西日本方面でコンタクトしていたし、土器や銅鐸《どうたく》に天狗とおぼしき姿（いわゆる有翼人）が描かれていることから、私は、弥生《やよい》から古墳時代にかけての人々は、天狗の存在を知っていただろうと考えていた。

生前、よく天狗と遊んでいた金井南龍は、スカンジナビアから来た天狗や、宇宙から来た天狗の実在を語っていた。西洋にも天狗はいて、天使の一部がそれにあたることも知ってはいた。しかし、インド系の天狗というのは、飯縄三郎さんがまったく初めてだった。猿田彦さんがそうであるように、南方系の天狗も、おそらく多数日本に入ってきているのだ。

二　インドがルーツだった覚南大天狗と猿田彦

ついにシヴァ神が降臨

飯縄三郎さんからは不思議な話をたくさん伺っているが、インド系天狗の話もふくめて続巻で詳述することとし、話を猿田彦さんにもどす。三郎さんがもたらしてくれたこの情報が、なぜ猿田彦さんの実像に関わる最初の情報となったのか、その経緯を説明しなければならないからだ。

降三世明王の頭部。シヴァ神系であることの証しとして、第三の目がある。『大正新脩大蔵経図像部』第６巻「五大尊図像」より。

　もし三郎さんが示したとおり、彼がシヴァ系の天狗なのであれば、密教の明王の姿をとって日本で活動している天狗が、ほかにも存在していておかしくない。そのことも三郎さんに伺っているが、「自分で調べてごらん」という、含みをもたせた返答をもらっている。

　不動明王、大威徳明王は仏教にとりこまれたシヴァ系の神だが、降三世《ごうざんぜ》明王や軍荼利《ぐんだり》明王などもシヴァ神と密

三宝荒神。『仏像図彙』より。

接に関わっており、ほかにも多数のシヴァ系の神々が密教にとりこまれている。たとえば猛悪役の属性を色濃くもつ摩醯首羅《まけいしゅら》天（大自在天《だいじざい》）や伊舎那《いしゃな》天などはシヴァ神の化身そのものであり、仏菩薩《ぶっぼさつ》グループに属する青頸観音《しょうきょうかんのん》もシヴァ神の化身だ。虎皮の腰衣を付け、黒蛇で身を荘厳《しょうごん》している青頸観音の姿は、もはやシヴァ神そのものといってよい。

シヴァ神を追っていく過程で、私は荒神もシヴァ系である可能性が高いという思いが強くなってきた。京さんは、高知の鴻里三宝大荒神社を、先代の龍田福太郎宮司の霊から受け継いでいる。荒神さんにじかに伺うことのできる場所があり、かつ神霊と話ができる京さんという優れた霊媒がいるのなら、荒神さんにじかに尋ねてもらうに如《し》くはない——そう考えて、高知の京さんに連絡した。以下がそのときのＬＩＮＥのやりとりだ（二〇二三年十月二十九日）。

不二「もし可能なら、荒神さんに飯縄、シヴァ神との関連はないか、聞いてもらえませんか？　もし繋がりがあるなら、何か重要な展開があるかもしれません」

梨岡「ちょっとお時間ください。承知致しました」

不二「ありがとうございます。よろしくお願いします」
梨岡「これから神社に行きます」

このやりとりのあと、京さんはお勤めのために神社に行った。
それから四時間後、興奮した調子のＬＩＮＥが届いた。

梨岡「結論から　荒神様はシヴァ神です。飯縄さんと関係あります。ビックリ!!　まさかまさかの…ビックリ!!です」
不二「うわー!!　マジかーって驚いてます！　なんか大変手の込んだ神仕組みが浮かび上がってきましたよ！　さあどうするか」
梨岡「でしょう!!　何がなんだか…　あとはお願いします」

このやりとりからひと月ほど後の十二月五日、私は今井さんと鴻里三宝大荒神社の拝殿に座り、京さんを神主《かんぬし》として荒神さんとの交霊に臨んだ。神主とは、霊媒役のことだ。ほんらい神主は神と人との取次ぎを行う霊媒役を意味し、『古事記』でもこの意味で神主という言葉を使っている。現代の神主と古代の神主は、役割も機能も根本から違っている。

いつものように拝礼したのち、京さんはまず諸祭神への感謝の言葉を言上すると、祓詞《はらえことば》、三種大祓《さんじゅのおおはらえ》、荒神経《こうじんきょう》と読み進めていった。ところが荒神経の途中で驚きの声をあげ、いきなり奏上を止めてわれわれのほうに向き直ると、こう言った。

梨岡　エライコッチャ！　いままでね、いまみたいに中途半端に止めたことないんですよ。エライコッチャっていうのは、あの、荒神さんの元の方？

不二　うん、うん。

梨岡　やっぱそうなのよ！　シヴァ神なの！

不二　シヴァ神がいま見えられたの？

梨岡　来た。

不二　見えられたんだ！

梨岡　（うなずいて）断定！　もうね、これほんといままで私こんなこと全然思ってなかったし、感じたこともなかったの。ただ荒神さんはすごい神様だなって（思ってただけで）。そこにいてる神様が元はどこから来たとか、そういったこと、全然眼中になかったのよ。だけどほんといまね。びっくりしたのはシヴァ神が来たのよ！　だから本当にこれ、もう断定です。

不二　どういうお姿で来ましたか？

梨岡　ちょっと青っぽい姿してて。牛もいっぱい。牛も白い。牛も白いし、連れてきてるし、ここ（頭）に金色の玉。なんか意味あるんでしょうね。牛にこう。牛がね、頭が右なのよ。それもなんか意味があるかも分かんない。頭が右で、座ってるんですよ。何故か知らん座ってて、真っ白で、大きいです。で、この玉があって、角がこういう。

不二　うん、大きな角がね。ナンディンっていうんだけど。

梨岡　そうそう。連れてきたから。ほんとびっくりしたのは、祝詞とか荒神経唱えるとか、もうそういった状況じゃなかったんですよ。あんまりにも突然出てきたので。ほんらいだったら荒神経、最後まで唱えるんですよ。だけどそうじゃなくて。これってのはもう「早く言え」ってことなのね。で、結局ここの荒神さんがそのシヴァ神。で、これはもう本当に断定！

このあと、われわれは三宝荒神として顕れたシヴァ神とじかに交霊した。シヴァ神と仏教以前のインドの火神アグニや暴風神ルドラとの関連、スサノオ神との関連、インド系の天狗のことなどを伺っているが、それについては関連の巻で書く。

このときの交霊でありがたかったのは、シヴァ神から「そなたたちを通して、自分たちのことを伝えてもらってもいいかなと思って出て来たのだ」と告げられたことだ。つまり霊査の旅が、これから新次元の世界に突入していくことの許しを、神霊から正式にいただけたのである。

猿田彦もインド系だった

高知で、私は荒神はシヴァ神だということをしっかりと確認した。翌二〇二四年四月十八日、猿田彦さんからじかにお話を伺うために、私は京さんと二人で荒熊神社を訪れた。これで四度目の参拝だった。そしてついに、猿田彦さんから、自身の素性に関する驚くべき教示を得たのである。

不二　猿田彦大神様に伺います。猿田彦天狗さんは南のほうから来られたということでしたが、南というのは、もう少し具体的に言うと、例えばポリネシアとかあっちの南洋の方面なのか、それともインドネシアやベトナムなど東南アジア方面なのか、あるいはインド――。

梨岡　（不二の質問を途中で遮って）なんかインドのほうみたい。

不二　インドですか!?　ああ、インドですか!?（驚嘆している）

梨岡　インド方面から来られているということは、あのシヴァ神さんとの関わりもございますか？

不二　うん。……（猿田彦さんから話を聞いている）……あのね、シヴァの大神様は、ほんとにいろんな神様と繋がってて。で、猿田彦大神様ともすごくこう、繋がってて。皆さん知らないので。南から来たということも私たちに言ってるだけで、ほかの方は解明してない。

梨岡　あ、そうですね。ほかは全然。そんなことはどこにも出てないんで。伊勢の在地の神だとか、だいたい皆さんそのように書いてるんで。われわれはハナからそんなわけはないだろうということで、いろいろお伺いしてきたんですが、そうですか、インド方面ですか！　じゃあインドのほうの古い――。

不二　古い神様です。

梨岡　古い神様でいらっしゃいますね。そうすると、インドのほうから来られた、例えば日本だと信州の飯縄三郎さんも、どうもインド系のようなんです。あるいは、いまはもう全然隠れておられるようだけれども金比羅《こんぴら》さん。金比羅さんとか、あのあたりのところも、猿田彦さんはよくご存知――？

梨岡　です。

不二　なるほど。……あの、いろいろこう、内部のこととか、今まで全然出てなかったことを、神話に関してもそうですが、そういうふうなものをお話しくださって、お示ししてくださっている。で、われわれがのんきにお酒を飲んでる席にもフッと来られて、いろいろと教えてくださってる。大変ありがたく感謝しています。それで猿田彦大神様がそうやってご活動されているのは、荒熊大神様が「世に出る」とおっしゃったことと、そのまま連動してるんでしょうか？　別なんでしょうか？

梨岡　それはまた別です。

不二　あ、別なんですか。なるほど。じゃあ猿田彦大神様は何かいまのこのわれわれに、人類に、あるいは日本人でもいいんですが、まあ人類に何かを伝えようとして、いまこうやって——。

梨岡　来てます。

不二　来られている。そのメッセージをお伺いできれば、ぜひとも書かせていただきたいんですが。

梨岡　もうね、なんかいま聞いて、なんかね、海がね、血の海になるみたい……。

このあと、猿田彦さんは日本からフィリピンに至るトラフの大異変のヴィジョンを京さんに霊視させた。その中身は前著の第三章に書いたので、詳しくはそちらを参照していただきたい。ここでは、猿田彦さんをさらに追っていく。

猿田彦は海人族とともに各地を移動していた

猿田彦さんがインド方面から日本にやってきたこと、およびシヴァ神と「すごく繋がっている」ことが、二〇二四年四月十八日の荒熊神社における交霊で、はっきりした。

この衝撃の交霊後、猿田彦さんが告げていた来るべき異変は本当に起りうるのか、京さんのヴィジョンの裏付けはとれるのかなど、細部を調べるために、われわれはこの件と深く関わる伊勢、沖縄、千葉の海、富士山を巡った。私の場合は、あわせて『霊査の古代史』第一巻の著述や、何本かの雑誌原稿に追われていた。そのため、猿田彦さんとの交霊の機会はなかった。

第一巻を書き終えたあと、次はどうしても猿田彦さんを書かねばならないと考えていた私は、取材をお願いしますとまず猿田彦さんに祈った。私の仕事机の前には、猿田彦さんと繋がる大きな神符が掲げられている。荒熊神社の主祭神の一柱である長者合槌命が清水宮司に神憑《かみがか》りし、自動書記で書いて渡してくださった神符だ。

それから、京さんと連絡をとった。折よく上京していたときだったので、彼女の東京事務所で猿田彦さんとの交霊をお願いしたいと頼むと、快諾してくれた。そこで酒その他のお供物を用意し、京さんの事務所に出かけた。二〇二四年八月二十三日のことだ。

猿田彦さんはすぐに現れた。感応の速さに二人して驚きながら、交霊にとりかかった。

不二　ご来臨ありがとうございます。次の本で猿田彦さんのことを書かせていただきたいと考えておりますが、書くにあたり、どうしても確認させていただきたいことがあるので、こうしてご足労願いました。ありがとうございます。どうかご教示よろしくお願いいたします。

まず、猿田彦さんがインド方面から日本に渡ってこられたルートについてお伺いします。考えられるルートの第一は、ベンガル湾を抜けて南シナ海から中国沿岸部沿いを北上し、九州に入る西側寄りのコース。第二は、南シナ海から台湾とフィリピンの間を抜け、フィリピン海を経由して太平洋側から九州に入る東側寄りのコースです。どちらが――。

不二　（質問を終える前に）そちら（第二のコースのこと）。フィリピン側。

梨岡　フィリピン側に入って、黒潮に乗って、九州・鹿児島に入られたと。このルートでよろしいでしょうか？

不二　台湾、台湾を通ってきた。

梨岡　台湾を通ってこられた。台湾近くの海底の異変のことを荒熊さんで教えていただきましたけれども、そこらへんも全部あの猿田彦さんの通ってこられた――。

不二　ルート。（ここまでは猿田彦さんの直答で、以下は霊視による情報）

梨岡　渡ってこられたルートですか。なるほど。それで鹿児島に入られて。

不二　鹿児島に入って。でね、あの海の男、海の……ああ、ほら、海人族。そういった方たちに連れられてきたのよ。で、そこの鹿児島でいちばん最初に祭られて。

梨岡　はい。祭っていた方がいたと。はい。

不二　で、そこでしばらくいてて。海を見ながら。で、その祭ってた海人族の代表の方がいてて、でその方が、あー……猿田彦大神さんと。……そのときは猿田彦大神って言ってないのよ。名前がちょっと違う。

不二 ああ、そうですか。

梨岡 名前、違う。なんか……ちょっと分かんない。なんかね、方言かなあ。方言みたいな、なんか沖縄の言葉か、分からん（おそらく海人族の現地語）。ああ……なんかね、聞き慣れてない名前で、なんかこう祈り？ を、なんかやってんのよ。で、……ああ……まったく分からない。言葉が。

不二 日本語じゃないんですね？

梨岡 日本語じゃない。全然。

不二 向こうの言葉なのかな？

梨岡 うーん……まったく分かんなくて。で、その方がお祭りしてて。で、海人族の方、皆さんたくさんいてて。その方たちがそこでお祭りしてて。で……そこから、ああ……火の国（肥後＝熊本）に行ったのよ。行って、で、いろいろ転々と、なんか（海人族が拠点としている）場所がいろいろあるらしくて。で、一ヶ所にどうのこうのじゃなくて。

不二 うん。

梨岡 なんかね、その海人族の方たちのルーツ？ ……なんかそういった人たちが集まってる、なんかこう田舎みたいな。……田舎みたいな、住んでた場所みたいなところがあって（海人族の集落のことだろう）。で、そこでなんか順番に……。なんかこう……案内されて。

不二 その海人族は、海人族自体も海流に乗って、あっちに行ったり、こっちに行ったりされたわけですか？

梨岡　（うなずく）

不二　いまお話を伺って非常に納得いくのは、九州から出てきて、あの黒潮ですね。ええと（京さんに海流の略図を見せながら）、これが黒潮なんだけれども、黒潮の流れっていうのはこうくるので、ここから黒潮に乗って、それで九州から伊勢はすぐなのね。ほら、伊勢と、それから伊勢湾と、ここはもう簡単に来れるのよ。

梨岡　へえー。

不二　だからおそらくこのルートなんだなと思ってたけれども、このルートでまちがいないですね？

梨岡　ないです。

不二　で、このルート（太平洋側の黒潮ルー

古代九州図。右は『古事記』国生みの段の「身一つにして面四つ」という記述にもとづく推定図。左は『続日本紀』和銅６年(713)　４月条に記載の九州諸国。これ以前は大隅国も日向国に含まれていたが、和銅６年に隼人族の故地である大隅国が新設された。「猿田彦さん」は最初、薩摩・大隅(『古事記』のタケヒワケ＝熊襲国）を拠点とし、後に火の国(霊査にもとづくと筑後の一部も含まれるようだ)へと移動したらしい。霧島市教育委員会編『隼人族の抵抗と服従』収録図を参考に作成。

ト）というのは、古代からずっとそうなんですが、千葉まで行くんですが、千葉のほうにも猿田彦さん——。

梨岡　行ってます。

不二　行かれてますか。そうすると……、あの全然別ルートです。こっち（先のルートとは反対の日本海側のルート）の、対馬《つしま》海流に乗って、出雲とかこちら方面に行くルート。こっちはこっちで行かれるんですか？

梨岡　そうそう、行きます。

不二　そうですか。で、メインのルートはやはりこっち（太平洋側）になりますか？

梨岡　こっち（太平洋側）。

不二　なるほど。すごくすっきりと分かりました。

猿田彦さんが日本各地に足跡を残していることは、すでに霊査で確認していたが、このときの交霊で、猿田彦さん本人から確認がとれた。要するに、海人族とともに各地を移動しているのだ。

ただし非常に興味深いことに、山形の天狗さんの領分である東日本は、猿田彦さんの管轄外になっている。かつて山形の天狗さんに猿田彦さんをご存知かどうか伺ったとき、「知ってはいるが会ったことはない」との返事をいただいていた。同じ質問を猿田彦さんにもしている。猿田彦さんも、山形の天狗さんは知っていた。けれど「直接会ったことはない」と、まったく同じ答えを返してきた。

日本は東西に二分されており、太古から住んでいる人間も、神霊も、したがって神霊の管轄も異なっている。このことは後にまた出てくるので、交霊の記録を続けよう。

船首に鳥形をつけた丸木舟で海を渡った

不二　前に二見浦でお伺いしたことがあるんですが、（世間では）いろいろと理屈をつけて、動物の猿と繫げて猿田彦という名前の由来を言っているんですが、二見浦で猿田彦さんに私、「サルタヒコじゃなくてサダルヒコではありませんか？」とお伺いしました。

梨岡　うん、そうそう。言った。

不二　それで合ってると。

梨岡　それなの。

不二　サダルヒコでいいんですか？

梨岡　うん。いいです。

不二　「先に行く」とか「案内をする」とか「先導する」とか「先駆け」とか、そういう意味の古代日本語。それがあの、日本ではもう文章を書くような時代（奈良時代あたり）には忘れられているんだけれど、沖縄だけ残っていたんです。

ということは、九州――九州の南部からかなり沖縄のほうに人が入ってるんですよ。今回われわれ、沖縄のほうに行って霊査等で確認してきたんですが、沖縄の文化が古代からの沖縄固有の文化で育まれたというよりも、むしろ日本（南九州）のほうからもちこまれたものがかなりあると。だから「サダル」神の猿田彦さんは、九州の南部から沖縄方面に入った人たちがもちこんでるんですね？

梨岡　そうです。

不二　なるほど。はい。非常によく分かりました。

沖縄での霊査の旅は、実は予想外の連続だった。沖縄本島から久高島《くだかじま》、宮古島、石垣島と回ったが、どこに行っても京さんは「どうして？　どこも神様がいないのよ」と首をかしげ続けた。

沖縄で祭られ、神域に鎮座しているのは祖霊の人霊ばかりで、天狗の姿もなかった。沖縄を日本の原郷と見做すのは、霊査上は不可能だった。柳田國男《やなぎたくにお》や折口信夫《おりくちしのぶ》から影響を受けてきた私にとっても、これは衝撃だった。沖縄は、南方から来た人々と、中国南部方面から入ってきた人々、それに南九州から沖縄に入って混血を重ねた人々の文化と信仰が融合してできあがったものと考えるほかなく、強い祖霊信仰も、その文脈で考え直さねばだめだと私は思い知らされた。

実はこれ以前の交霊で、猿田彦さんに「南から来られたとき、沖縄を経由して、それから九州に入られましたか？」と尋ねている。沖縄で一度腰を落ち着けてから、沖縄の海人族とともに九州に渡ってきたのだろうと考えていたからだ。

ところが猿田彦さんから返ってきたのは、まったく予想外の返答だった。

「沖縄は経ていない。南からそのまま九州に入った」

猿田彦さんは、はっきりこう答えた。南から本土への海の道ばかりが強調されてきたが、むしろそれとは逆の、九州から沖縄へという南に下る海の道の観点から、沖縄を見直す必要があることが、この日、分かったのである。

不二　で、船なんです。海人族が使っていた船なんですが、たぶん木をくりぬいただけの丸木舟のような原始的な船ではないと思うんですが……。

梨岡　大きい。

不二　大きいですよね。丸木舟の上に構造物を載っけている？

梨岡　載ってる、載ってる。（当時の船そのものを霊視している）

不二　載ってます？　で、船の先頭、船首のところには、鳥の——。

梨岡　羽がある。鳥の形の。

不二　ああ、やっぱありますか！

梨岡　鳥が全部案内してくれてるって。それで海流に乗って。鳥とも一緒に。

不二　ああ、やっぱりな。そうなんですか。きっとそうなんだろうなと思ってたんですが、確認させていただけてよかったです。（中略）それで、猿田彦さんが他の地域に行かれるときに使う船というのは、海人族の船を使うんですか？

梨岡　使います。決まってるので。海人族じゃないと（猿田彦さんは）呼べない。

不二　何十人乗りぐらいの船でしょうか？

梨岡　大きい。

不二　大きい？　四十人、五十人？

梨岡　そんなに大きくないよ。物を積まないといけないので。多くても二十人か三十人ぐらい。

不二　船の埴輪《はにわ》が出ていまして（三重県松阪市の宝塚一号墳から出土した「船形埴輪」、二〇二四年国宝指定）。それを見ると、埴輪の下の部分が旧式の丸木舟で、その上にもう一度木で、構造物（竪板や舷側《げんそく》板《ばん》など）を組み合わせて、しっかりと大きく作って（準構造船のこと。船全体を木組みで造る後代の構造船の前の形）。何ヶ所にも柱を立てているんですね。

梨岡　立ってます。

不二　立ってますか、やっぱり！　で、その柱というのは、神様との交信にも使われていますか？

梨岡　使ってます。

不二　やっぱりそうですか。

梨岡　その上にね、ヤリを立てる。

柱の上にヤリ（鎗か槍かは聞き漏らした）を立てるというのはまったく知らない情報だ。猿田彦さんによれば、猿田彦さんを運んできた海人族が用いたのはこうした準構造船だったらしく、船首には鳥の造形物、もしくは鳥が置かれていたらしい。

鳥は、この世とあの世を行き来すると考えられていた「太陽船」タイプの船の典型的なシンボルで、古代エジプトはじめ、世界各地に見られる（古代エジプトの太陽船に乗る神ラーは、ハヤブサの頭をしている）。もちろん古代日本にもあり、太陽船を描いた装飾古墳が九州で発掘されている。

このタイプは、日本と極めて近い関係にあった古代朝鮮にもあった。徳島大学教授の東潮《あずまうしお》氏が、朝鮮から出土したゴンドラ型の船形土器について、こう書いている。

「船自体が鳥形をなすようである。……（杏林大学教授の方善柱は）船頭が『烏頭《うとう》仮面を用いて』おり、『頂部と左面は毀損しているが、欠損のない右面で観察すれば、うたがいなく鳥頭《ちょうとう》面それも烏《からす》類の特徴がみられる仮面をつけたと考えざるをえない』と指摘し、太陽霊船と想定されている。また同資料に

三重県松阪市の宝塚1号墳から出土した船形埴輪（国宝）。柱が立っている。モデルとなった船の船首には鳥の造形物が置かれていたのだろうか（提供＝松阪市）。

太陽の船に乗って旅をする太陽神ラー。エジプト「センネジェムの墓」の壁画より。

ついて、松本信廣《のぶひろ》は、『最近朝鮮の伽耶《かや》の古墳から鳥の仮面をかぶった船頭が櫂舵を按じている状景を表わした船模型の土器が発見せられているが、もしこの船を銅鼓の船と同一系統のものとすると、霊魂を鳥が他界または太陽の国に運ぶという思想が、かつて朝鮮にも存在していたことになる』と示唆された」(「古代朝鮮の祭祀遺物に関する一考察」、『国立歴史民俗博物館研究報告』一九八五年、所収)

南方系のインド方面から来た猿田彦さんを乗せた船も、これに類する船だったらしい。先に語られていたとおり、船首には鳥の象徴と思われる造形物があったらしいからだ。

太陽船の鳥を、学問の世界では、死者などを「他界または太陽の国に運ぶ」案内霊(いわばサダル鳥の霊)のシンボルと考えているが、猿田彦さんはリアルに海の案内者だと語っており、われわれには、この話は納得がいく。というのも、海に関連したまったく別々の霊査で、京さんが何度も海上や船上を舞い飛ぶ鳥の姿を霊視しているからだ。この霊視は、二回や三回ではない。

自然霊天狗は「葬送」にまったくの無関心

このときの交霊はかなり長いもので、ここからいよいよ霊査の古代史の本題である古代ヤマト・畿内王権、伊勢神宮、東海地方の大豪族の問題へと質問が移っていくのだが、猿田彦さん、倭姫、稚日女《わかひるめ》、神功皇后、崇神・垂仁天皇、三輪の大物主神《おおものぬしのかみ》の巫女の大田田根子《おおたたねこ》さんら数多くの霊(ほとんどは人霊)の複合的な視点から見た古代史の話になり(右に挙げた諸霊のすべてと、われわれは複数回にわたって交霊している)、少なく見積もっても本書数冊分は費やさないと、とても書ききれるものではない。遺憾ながらここでは割愛せざるをえないが、別の機会に改めてじっくり書いていくということで了解願いたい。

不二　それで、ええ、順ぐり伺います。猿田彦さんが九州に入って、そのあと火の国に行かれたりとか、その頃の時代というのは、使っていた金属は銅でしょうか、鉄でしょうか？

梨岡　……いやあ、両方見えるなー。

不二　ああ、つまり時間が長いから。あの、行った当初はじゃあ銅だったですか？

梨岡　途中から、あの、金――。

不二　鉄器？

梨岡　光ったやつになって。両方。

不二　両方？　なるほど。九州、鉄器は早いですので、ええ。それで古墳なんですが、猿田彦さんが来られたときというのは、日本という国は古墳はできてましたか？　それともまだ古墳がいろいろつくられる前の時代でしたか？

梨岡　知らないって。

不二　古墳、ご存じない？　あ、じゃあ古墳はまだないんだ。

梨岡　知らない。

不二　知らないとおっしゃってる？　ということは、あの、こういう焼き物で、あの甕《かめ》みたいな棺《ひつぎ》、先の尖った、中が空洞の甕棺《かめかん》みたいなのに遺体を入れて、穴を掘って埋めるみたいな葬法はなされてましたか？

梨岡　管轄が違うから。

不二　ああ！　死のことは――。

梨岡　知らない。知らないって。

不二　葬儀のことは。……あ、なるほど。……なるほど。

梨岡　もうね、顔がね、「ん？」ってなったのよ。なんでかなと思ったら、「管轄が違う」から。

不二　管轄が違う――なるほど！　はい、ありがとうございます。

これも大変驚かされたことのひとつだ。現在われわれの中では明瞭になっていることなのだが、天狗という存在は、人間の死にまつわる儀礼などには一切関わっておらず、関心も持っていない。そのことは、山形の天狗さんからじかに伺っている。その山形の天狗さんに続いて、別系列の天狗である猿田彦さんも、同じ情報をもたらしてくれたのだ。

いま猿田彦さんは「管轄が違う」とやさしく説明してくれたが、山形の天狗さんは露骨に「そんなことはどうでもいいことだ」と切り捨てた。天狗である自分たちが管轄しているのは「自然界全体のこと」、自然界に満ちている大きな命に関わることであり、人間社会のことでも、人の運勢や生死のことでもない。それらはまさに「どうでもいい」ことらしいのだ。天狗という謎の存在の働きが、これでかなりの部分、明らかになってくる。

前著でも書いたとおり、自然霊天狗と人霊天狗は、もう根っこから違う。自然霊天狗とは正反対で、多くの人霊天狗は人間界に強い未練を抱いている。俗世への執着心は強烈で、権勢欲もあれば支配欲もあり、中には激しい復讐心を抱いている者もいる。例外的な人霊天狗はもちろんいるが、それはごく少数で、ほとんどの人霊天狗は、姿を変えた人間そのものなのだ。

だから彼らは、人間の生死にも干渉する。自分が崇められることを渇仰して、デタラメな予言で人を寄せ集め、やがては金銭財物をかき集めようともする。狐狸と呼ばれる霊物もその仲間だ。

山形の天狗さんが、いちばん最初から「天狗など信仰するものではない」と強く戒めていたわけは、まさしくここにある。私が心から予言を嫌う理由のひとつもこれだ。あえてきつい表現を使えば、多くの人霊天狗は、せっかくの修行の甲斐もなく、「卑しい」ままに止まっているのだ。

飯縄三郎さんは人霊天狗だが、そうした人霊天狗とはまったく違う。三郎さんに話を伺った際、人間界では三郎さんが飯縄使いのボスのように思われているが、実際はどうかと尋ねた。

飯縄使いとは、キツネに似た小動物のイヅナの霊を使って予言したり、吉凶禍福を占ったり、種々の俗霊術で人心を操る祈禱《きとう》師や巫女のたぐいをいう。その末流は、いまも俗臭の権化といってよい政治家や、成り上がりの創業者などの一部に、べったりとへばりついている。

三郎さんが、そんな飯縄使いのボスであるわけはないとは思ったが、失礼を承知であえてお聞きすると、三郎さんは言下に「自分とはまったく無関係だ」と言い切り、そもそも人間などには真の霊狐は使えるものではないし、相手にもされないと教えてくれた。

右に述べたような人間界のゴタゴタに、自然霊天狗は一切関わらない。一切と、断言する。

地球霊である自然霊天狗がそうなのだから、ましてや彼らが信仰している真の「神」に至っては、なおさらだ。心霊相談などで神の名を持ち出し、神が個人の悩みに答えるなどはまったくの噴飯モノで、神社のご利益《りやく》リストというのも情けなく、恥ずかしい。神はそんなことには関わらない。そこでいう神とは、イタズラ好きの人霊か、さもなければ霊界の不良霊なのである。

椿大神社の創祀は意外に新しい

猿田彦さんのお宮として名高い椿大神社《つばきおおかみやしろ》（三重県鈴鹿市）についても尋ねた。

椿大神社は別称を猿田彦大本宮といい、後に伊勢国の一宮になっている。主祭神はもちろん猿田彦さんだが、例によって記紀天神のニニギ尊や、その母のタクハタチヂヒメ（栲幡千々姫）を相殿《あいどの》に祭っている。すでに書いてきたとおり、これらの神々は猿田彦さんとは関係がない。

過去二回参拝しており、同社には確かに猿田彦さんが鎮座していることを確認していた。ただ、京さんの霊視によると猿田彦さんはなぜか束帯《そくたい》姿らしく、時代が新しい。しかもここの猿田彦さんはまったく口をきいてくれないので、ひょっとしたら背後の神体山である入道ヶ岳（標高九〇六メートル）まで行かないと交霊ができないのではと話し合い、山頂に登ることも検討していた。

不二　椿大神社について伺います。椿さんでは、京さんは猿田彦さんのお姿は見てます。ただ、お話しはできないということだったんです。それで境内で多数の修験者の姿（霊）を見てるんです。

梨岡　あ、そうなの？（毎度のことだが、自分の霊視を忘れている）

不二　うん。で、いっぱい修験者がいるということは、椿は結構あとにできた神社かなと思っているんですが、いかがですか？

梨岡　新しいです。

不二　新しいですよね。で、もともと（ご祭神は）猿田彦さんなんでしょうか？　それとも山神さんがいらっしゃったんでしょうか？

梨岡　山神。

不二　山神さんなんですか。

梨岡　だから裏に。なんか山に行く道があるらしくて。で、そこから山神さんを下ろして（祭った）。だから修験の……あ！　だから修験の方がたくさんいてるんだ。

不二　うん、修験。（京さんが）そう言ってた。

梨岡　いま分かった。

不二　うんうん。それでわれわれ、あの後ろの山に登って猿田彦さんと交信をしようかどうしようかというふうな話を、霊査の旅の仲間でしてるんですが、やっぱり行ったほうが……？

梨岡　別に行かなくてもいい。

不二　うん（笑）、まあそう思いました（笑）。すみません、ありがとうございます。

猿田彦が仕える覚南大天狗もインド系だった

この椿大神社の話に続いて、いよいよ猿田彦さんの核心に迫るテーマへと質問は進んだ。

不二　もうひとつなんですが、次々と申しわけありません。宇治山田の駅で、われわれが伊勢で取材を終えて居酒屋みたいなところで飲んでるときに、ふっと猿田彦さんが来られたことがありまして。で、いろいろなお話をしてくださったんですが、その前に二見浦で姿だけ見せていただいたときに、左脚を上げて合掌してるようなポーズだったんです。で、そのわけを、その居酒屋で猿田彦さん、教えてくださったんです。

梨岡　えー！　そうなの？（これも京さんは忘れている）

不二　はい。で、覚南さんに会うときには、このポーズをしなきゃダメなんだと、そのときはおっしゃいました。それはそうなんですか？

梨岡　そうなんでしょうね。

不二　それで、このポーズについて伺いたいんですが、このポーズ、仏教のほうで伝わってるのでは、丁字立《ちょうじだ》ちといって、蔵王権現であるとか金剛童子《こんごうどうじ》であるとか、シヴァ神と深い繫がりのある神様が取るポーズなんです（一四一～一四三ページ参照）。猿田彦さんは左脚上げて合掌なので、手の形は違うんですが、他の神様たちは手に物を持ったり武器を持ったりしてますが、あの片脚立ちで立ってるという特殊なポーズ。それを覚南大天狗さんの前のときには、そのポーズをしないといけないとおっしゃったんです。猿田彦さんが。

猿田彦さんが見せた合掌は、直属の上官である覚南さんに対する帰依《きえ》・帰命《きみょう》のポーズと思われるが、左脚を上げるポーズ（丁字立ち）の意味は、あれこれ調べたがどうにも分からなかった。同様のポーズをとる仏像に、金剛童子や、役小角《えんのおづぬ》が感得したと伝えられる蔵王権現などがある。いずれもインド系とみてまちがいない。金剛杵《こんごうしょ》の化身とされる金剛童子の形像は、蔵王権現とよく似ている。時代的には金剛童子から蔵王権現へと発展したと考えるべきだろう。

その金剛童子や蔵王権現などと同じ丁字立ちのポーズを猿田彦さんが覚南さんに対してとるということは、猿田彦さん、覚南さんともにインド系と特別に深い関係があることを示唆している。

ここでいうインド系とは、はるか後代の密教等のことを言っているのではない。仏教よりはるか以

金剛童子像。左脚を上げて丁字立ちのポーズをとっている。「金剛童子図像断簡」（京都国立博物館蔵）より（提供＝ColBase）。

烏枢沙摩《うすさま》明王。こちらも右脚立ち。『大正新脩大蔵経図像部』第６巻「烏枢瑟摩明王図像」より。

軍荼利《ぐんだり》明王。左脚を上げて右脚で立つ。『大正新脩大蔵経図像部』第６巻「明王部図像」より（提供＝SAT大正蔵図像DB）。

蔵王権現像（金峯山蔵王堂の神符）。右脚を上げて左脚で立つ。

五大明王像。右から降三世《ごうざんぜ》明王、軍荼利明王、不動明王、大威徳明王、金剛夜叉明王（10～11世紀／奈良国立博物館蔵／提供＝ColBase）。

《丁字立ちと明王・猿田彦》

明王には「丁字立《ちょうじだ》ち」の像が数多く存在する。「右脚を正しく立て、左脚を斜に引き、左膝を屈し、世間の丁字の如く身を曲げて」立つ形だ（『密教大辞典』）。上写真では降三世明王と金剛夜叉明王が丁字立ちをしており、右ページの軍荼利明王、烏枢沙摩明王も同様だ。口絵に掲げたルドラ神はシヴァ神の同体神だが、やはり丁字立ちしている。

ただし、猿田彦さんと明王像では、左右の脚が逆になっているものが多い。これは絵画や彫刻の典拠となった経典の違いによる。『略出念誦《りゃくしゅつねんじゅ》経』『陀羅尼集《だらにじっ》経』『金剛童子儀軌《ぎき》』などは猿田彦さんと同じ右脚立ちとしているが、『大日経疏《だいにちきょうしょ》』は左脚立ちとしており、左右が反対なのだ。もっとも時代的には猿田彦さんの形が古い。

丁字立ちのほんらいの意味は不明だが、『密教大辞典』は「（上げた）左脚にて他を蹴り払う」形としている。ここでいう「他」とは仏教に敵対する勢力のことで、明王等はそれら敵対勢力を神力によって制圧・降伏《ごうぶく》することを任務とする。上掲写真の右端の降三世明王が典型で、大自在天（シヴァ神）と妻の烏摩妃《うまひ》（パールバティー）を踏みつけて降伏させている。ただしこれは仏教の優位性を示すためにつくられた後世の仏教説話にすぎず、降三世の三世も、過去・現在・未来の三世の王であるシヴァ神に由来している。

猿田彦さんが覚南さんに会うときに丁字立ちをするというのは、明王の場合と同じように、タチの悪い野天狗や鬼魅の類、悪龍などを懲罰する（「他を蹴り払う」）ことを司っているという職能の表示かもしれない。猿田彦さんがこの姿をとるのはシヴァ神の化身である覚南さんと面会するときのみらしいが、覚南さんは地球の自然界全体を管轄する最高位の司法官であり、猿田彦さんはその「副官」だと自ら語っているからだ。

前、アーリア人がインドに入ってくるより前にインド大陸でインダス文明を築いていたドラヴィダ人の時代――体色が浅黒く、縮れ毛などの特徴をもつ彼らドラヴィダ人の宗教文化から伝承されてきたものではないかと私は推定していた（アーリア人は色白の人種として知られている）。シヴァ神のルーツそのものが、ドラヴィダ人の宗教にあると考えられているのだ。

不二　覚南さんの前ではこのポーズをとらないといけないということは、猿田彦さんはインド方面から来たとおっしゃいましたが、覚南大天狗さんも、ひょっとしたらインド系なのかどうなのか？それをもし話していただけるんなら、教えていただきたいんです。

梨岡　ちょっと待ってね……。（しばし交霊。その後、パッと驚愕の表情が浮かんだ）

不二　OK？

梨岡　（大きくうなずいて）何よ!?　うわっああ！

不二　うわっ！　ほんと!?　そうおっしゃった？

梨岡　（うなずくだけで言葉が出ない）

不二　あの、お伺いします。ここらへんのことは、今度の（猿田彦さんの）本にすぐ書くかどうかは別ですけれども、私書かせていただいてもよろしいですか？

梨岡　よろしいです。

不二　よろしいですか。あのう……。びっくりだね。じゃあやっぱりそうだったんだ。じゃあ覚南さんは、やっぱりシヴァさんの、シヴァ大神の系列なんだ。

ということは、前にも猿田彦さんにお話ししましたが、われわれをいちばん最初に導いてくださった、山形の天狗さんとお呼びしている方。この方は日本の古い霊、日本の古い天狗さんです。これは確認してます。で、覚南さんのルーツというのは伺ったことがなかったんですが、覚南さんが西日本で、山形の天狗さんが東日本ということはお話しいただいてます。で、猿田彦さんは、山形の天狗さんは知ってるけども、会ったことはないとおっしゃったんです。ということは、日本という国の、もとからいた古い人たちは東日本で、西日本は——。

梨岡　向こう系。

不二　向こう系なんですね、全面的に！　で、そのお二人で、日本を束ねてこられる——。

梨岡　時期があった。

不二　東が山形の天狗さん、西が覚南さんという格好ですか？

梨岡　そうです。

不二　それで猿田彦さんは、覚南さんの副官として、いろんな導きをされてるんですか？

梨岡　そう。

不二　いやあ……。そうか。

梨岡　……すごいね。

不二　すごいね。なるほど……。

この伝えに、私も京さんも驚愕し、激しく興奮した。いままでまったく明かされていなかった覚南さんの素性や、猿田彦さんがインド方面から来て、日本では大台ヶ原の覚南さんの副官だということの背景が、これでようやく見えてきた。

注意しておくが、覚南さんがシヴァ神本体だというのではない。荒神さんも同様で、いずれの神霊も、シヴァ神の数ある分身、変化身のひとつということなのだ。

三　伏見稲荷の霊査

伏見稲荷を創祀したのは秦氏ではなかった

交霊は、すでに三十分近く続いていた。いつもなら、私は霊媒の身心の消耗を考えて、これほど長時間続けることはしない。神霊の側が霊媒を気遣って切り上げたり、京さん自身が「おしまい」と言って打ち切ったりすることもあった。けれどもこのときは、三者とも「おしまい」の声をあげないまま、交霊が続けられた。いまにして思えば、そのわけは、以下の情報の伝達にあったのだろう。

不二　あの、伏見稲荷に。——どんどん話が変わって申しわけありません。伏見稲荷に、猿田彦さん、一時期お祭りされてました。それは荒熊さんのところでも伺いました。伏見稲荷のいちばん中心になる神様というのは、ご承知の通りのウカノミタマ（宇賀神）です。そのウカノミタマの配神として、セットでお祭りする神様として、佐田彦《さたひこ》の大神様、つまり猿田彦さんが、かつては伏見稲荷の上社でお祭りされていた。それは事実ですか？

梨岡　……うん。一時。

不二　一時？

梨岡　一時。

不二　で、……そうか、時代を聞いてもあれだもんね。時代は難しいな（神霊に世紀や元号や西暦を尋ねても分からない。時代区分は人間界の枠組みにすぎず、神霊とはモノサシが違う）。……あの、荒熊さんで前に伺ったときです。いまおっしゃった通り、「一時、向こう（伏見稲荷）のほうにいたことがある」と。で、なにがしかの、何かは分からないんですが、そのときはお話しいただけなかったんですが、トラブルか何かは分かりませんけど、（伏見稲荷から）出たということをお話しされたんです。猿田彦さんは。それで東海のほうに来られたとおっしゃっているんですが。

梨岡　（違うという表情）

不二　東海じゃないですか？

梨岡　東海じゃないなあ……。

不二　東海ではない。伏見稲荷を出たことは出られたんですね？

梨岡　うん。出た。

不二　出た。

梨岡　あの、これ、ウカノミタマさんとサダル彦さんで祭ってたんだけど、途中から違う勢力が入ってきたので……。

不二　は？

梨岡　向こうの。渡来系の人が、（伏見稲荷社に）入ってきたので。

不二　それで変わっちゃった？　信仰のあり方が――？
梨岡　そう。まったく違うから。
不二　その入ってきたのは秦《はた》氏じゃないですか？
梨岡　秦氏。（即答）
不二　秦氏ですよね。秦が入って、信仰の形を変えた？
梨岡　全部変えた。（即答）
不二　ウーン……。
梨岡　要は追い出されたみたいな感じなの。
不二　なるほど。なるほど。だから元々は、別に稲荷山は秦氏の山でもないし、違ったわけですね？
梨岡　（うなずく）
不二　なるほどなぁ。そういうふうなのがあったんだ。ふーん……。はい、よく分かりました。

稲荷神の最古の記録である『山城国風土記《やましろのくにふどき》』逸文《いつぶん》に記された創祀伝承によれば、秦中家忌寸《はたのなかつえのいみき》（社《しゃ》家《け》）の遠祖である伊侶巨《いろこ》の秦公《はたのきみ》がおのれの富裕に奢り、餅を的《まと》にして矢を射た。すると餅が白鳥と化して飛び去り、家運が衰えた。そこで白鳥の降り立った地（稲荷山）に神を祭ったのが伏見稲荷大社の始まりだとしている。

この伝承（史実とは考えられていない）がいつの時代のことをいっているのかは不明だが、「稲荷社神主家大西（秦）氏系図」に「和銅《わどう》四年（七一一）二月……稲荷明神鎮座」とあり、前に引いた『二十二社註式』でも「元明天皇の和銅四年に伊奈利山《いなりやま》の三箇峰の平処に（稲荷神が）初めて顕《あらわ》れ坐《ま》したので、秦氏の人らが禰宜《ねぎ》や祝《はふり》となって仕えた」（大意）とあり、奈良時代以降、秦氏によって創祀されたと考えられていたことは確かだろう（この秦氏は古墳時代に朝鮮から渡来して畿内に根を張った一族であり、九州豊国《とよのくに》の秦氏とは系列が異なる。そのことは数次にわたる九州の霊査の旅で確認している）。

　この時代、米そのものが貴重な食糧だったが、餅はさらに尊いものだったらしく、『国史大辞典』は「本来は丸いものであって、円形を最高の形として神聖視し、餅は切ることをすら忌んだといわれる」と述べている（「餅」高山直子）。その餅に、戯れに矢を射たので、家運が衰退したというのがこの説話なのである。

　ところが猿田彦さんは、もともとこの山で神霊を祭っていたのは秦ではないと言い、ウカノミタマとともに確かに祭られてはいたが、秦が入ってきたの

伏見稲荷の霊地・稲荷山の山上から桂川方面を望む。

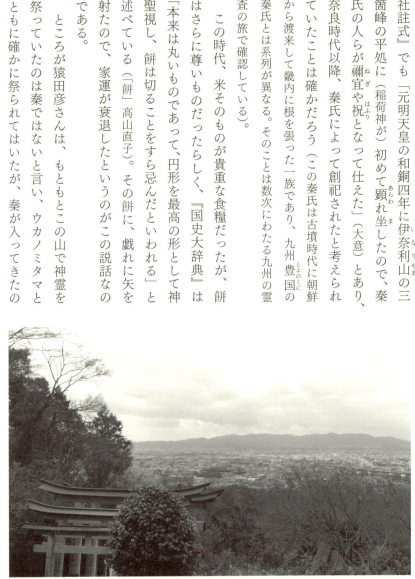

で伏見稲荷社から退去したのだと、この日初めて明かしてくれた。荒熊神社でお尋ねしたときは、こうした背景は教えてはもらえず、ただ「出た」とのみ伝えられていたので、初耳の情報に驚嘆した。

稲荷は日本で最多の神社であり、稲荷信仰はこの国をくまなく覆いつくしている。その主祭神である稲荷神、すなわちウカノミタマは、渡来系の秦氏が奉じてきた神と伝えられており、われわれもずっとそのように考えてきた。

けれども秦が、後から割りこんできて、稲荷山の祭祀権を奪った一族というのなら、話はまったく変わってくる。秦以前から、ウカノミタマが猿田彦さんとともに祭られていたわけであり、稲荷信仰そのものの再考が迫られることになるのである。

こうなると、稲荷神の出自ないしルーツはどこなのかという次の問題が出てくる。日本土着かどうかは不明だが、稲作と不可分に結びついた神なので、渡来の神である可能性は非常に高い。ただし稲作を軸に考えると、寒冷地で稲作そのものが遅かった朝鮮半島由来とは考えがたい（半島経由はありうる）。たぶん可能性が最も高いのは、中国南部の長江流域あたりから海を渡って、おもに北部九州方面から日本に入った東アジア系の人々の神ではないかということだ。

日本人の成り立ちについては、金沢大学、ダブリン大学、鳥取大学、岡山理科大学、富山県埋蔵文化財センター等による国際共同研究グループが行った縄文人・弥生人・古墳時代人のDNA解析により、日本人は三つの祖先集団から成り立っているという画期的な検証結果が明らかにされた。従来の日本人説は二重構造モデルで考えられてきたが、新たに三重構造モデルが提唱されたのである。

それによると、まず二万年から一万五千年前に、第一の成分である縄文人の祖先集団が大陸の基層集団から分かれて日本に住みついた。次いで弥生時代になると、北東アジアを祖先集団とする第二成分の人々が流入し、縄文人とも混血して各地に広まった。さらに古墳時代のころには、東アジアに起源をもつ第三の成分が渡来し、それまで住んでいた縄文・弥生人と混血していったと推定されることが、全遺伝子情報の解析により明らかになったのだ（発表はごく最近の二〇二一年）。

霊査の旅における神功・応神《おうじん》系などは、この第三の成分のひとつであり、東北・北海道は第一の成分が主流で、九州から中国・畿内にかけては第二の成分が色濃く残っていると推測される。

猿田彦さんが渡ってきた時代は、おそらく第二成分の時代であり、ウカノミタマ神も同様と思われる。こうした角度から、さらに深いところまで霊査を進めてくれ——そんな猿田彦さんの思いが、このまったく予想外の情報から伝わってきたのである。

「ヤセに負けずに、真実を出せ」というメッセージ

不二　いやあ、なんか今日伺いたいことを、大急ぎでお尋ねしたんですが（笑）——。

梨岡　よかったー！

不二　一つ最後に、これをぜひとも教えていただきたい、お伺いしたいんですが、われわれの霊査の旅で、ずいぶん前から猿田彦さんが顔を出してくださって、行った先でもお姿を出してくださって、ご教授くださって、荒態にも導いていただいて、これはなぜなんだろうと。

梨岡　事実を事実で、出していかないといけないので。いままでは、もうウソがたくさんあったので、三人でやることになって。これも仕組みで、（前から）あったらしいのよ。で、もうね、時代が変わっ

たので。だから事実は事実として、神様も、世に出してもいいと。

不二 出してもいいって……。

梨岡 あまりにもね、ウソが氾濫しすぎて。

不二 その通りですね。はい、書かせていただきます。あの……最後に何かこうメッセージをいただけたらありがたいんですが。まあ「事実を出せ」と。

梨岡 そうです。真実を出せと、それだけ。

不二 もうそれだけ。分かりました。

梨岡 「選ばれた者たちなので、それに対しては自信を持ってもらったらいい」って。で、やっぱりね、「ヤセ」が出てくるんだって。

不二 ヤセ？

梨岡 ヤセ。ヤセってなんだ？　ちょっと待ってね。えーっ、待って、いま私、ヤセって？

不二 ヤセって言った。

梨岡 ちょっと待ってね。

……あのね、嫌がらせを言う方たち。嫌がらせを。で、もうすでに出てきてるので。で、そういった方たちに負けないように。

不二 はい。

梨岡 で、「鉄板なので、心配しなくてもいい」って。

不二 分かりました。あの、大変お忙しいところを申しわけないです。ありがとうございます。これからもご指導願いたいので、どうかよろしくお願いいたします。ありがとうございます。

……よかった！

梨岡　よかった！　ありがとうございました。

不二　ありがとうございました。

梨岡　よかったよー。

これで交霊は終わった。明らかになったことはあるが、新たな課題も山と出てきた。これはいつものことで、ひとつ何かが見えてくると、その何倍、何十倍もの新たな疑問や課題が次から次へと生じてくる。ただ、そのスピードが、以前とは比較にならないほど速いのだ。

二〇二三年から二四年にかけて、霊査の旅は急速な展開を見せ始め、二四年夏には、「これからが本格始動になる」というメッセージがもたらされていた。いままでまったく隠されていた覚南大天狗とシヴァ神の働きが徐々に開示され始めたことがその端的な表れであり、われわれをそこに導いたのは、一貫して指導してくれている山形の天狗さんを除けば、まさしく「導きの神」、サダル神の猿田彦さんだった。この用意周到な流れに、私は感慨を覚えざるをえない。

状況の変化は、はっきりと現れている。これまでは、われわれは覚南さんの在所――妙義山や大台ヶ原に伺い、話をうかがってきた。猿田彦さんのように、あるいは山形の天狗さんのように、先方から唐突にわれわれのもとを訪れてくれるようなことはなかった。ところが二四年七月、四国の石鎚山《いしづちさん》に、突然覚南さんがやってきた。われわれは驚嘆した。

このときの四国の霊査の旅は、京さんの神社の拝殿完成祝いに伺った機会に、あわせて行ったものだが、その拝殿に祭る祭神にも、それまでは祭られていなかった神霊が加わった。京さんが、三面大黒天像と蔵王権現像を、荒神さんの左右に祭ったのである。

三面大黒天の本体である大黒天は「大いなる闇黒」を意味するマハーカーラ、つまりはシヴァ神の暗黒面を写した神そのものであり、丁字立ちをする蔵王権現もまた、シヴァ神の分身だ。拝殿は、それまでそこにはなかったシヴァ神系の神々が居並ぶ形になっていた。私は何も知らずに木の香も新しい拝殿に入り、そのとき初めて、この驚くべき変化を目にした。

鴻里三宝大荒神社の拝殿中央祭壇に祭られた三面大黒天（右）と蔵王権現（左）。シヴァ神・猿田彦神と繋がっているのだろうか。

七月時点で、私は右に書いてきた丁字立ちのことも、シヴァ神関連のことも、京さんには一切話していない。ただ、先にＬＩＮＥで示したとおり、鴻里の三宝大荒神さんはシヴァ神系ではないかと京さんに尋ね、そうだということが分かって二人で驚嘆したという出来事があったのみだ。

「なぜここに蔵王権現を？」と、私は京さんに尋ねた。ひょっとして、荒神さんから祭るようにというお告げでもあったのだろうかと考えたからだ。けれどもそうではなかった。「なぜか自分でも分からんけど、ここにお祭りしないといけないって思って」と京さんは言った。彼女は何も知らないいま、ただ祭らなければという思いに導かれて、拝殿に新たに両神を祭ったのだ。

背後で、確かに神霊が大きく動き出していると、このとき私は確信した。

読者は、まったく初耳の話の連続に、たぶん面食らったことだろう。ほかでもない、われわれ自身がそうなのだ。

京さんはよく、「知らない人から見たら、私たち狂人ね」と口にする。まったくそのとおりで、われわれのやっていることは、他者から見たら狂気の沙汰だ。それでも中止することはできない。行くところまで行くしかないと、われわれは腹をくくっている。

先に述べたとおり、猿田彦さんがもたらしてくれた古代史の部分は、すべて省いた。この交霊と深く連動する太古史の話を、山形の天狗さんがしてくださっているが、それについても書いていない。そして、猿田彦さんが一緒に動いていると明言した海の偉大な精霊・磯良さんについても、ほとんど書くことはできなかった。海の精霊――それが次巻のテーマとなる。

あとがき

第一巻の『天狗編』にもまして、この『猿田彦編』には異様で突拍子もない話が連続して出てくるが、想像による創作のたぐいは一切ない。何らかの神霊や人霊から告げられたことを、確認のために所属の異なる霊団の諸霊に尋ねてまわり、できるだけ史資料にも当たったうえで、こうとしか書けないと判断したものだけを書いている。

そんなバカなことがありうるのか、あなたたちの妄想ではないのかと思われる方は多いだろうが、実際にそうした旅を重ね、霊媒・梨岡京美を介して諸霊との対話を続けている私としては、実際にあるんだよと答える以外、返事のしようがない。「ある」としか言えないのだ。

とはいえ、あまりにも突飛な話の連続だ。書いている本人が、そう思う。そこで本書では、録音データの挿入を多くした。記述内容がどういう経緯でわれわれにもたらされたかをきちんと示しておくためには、その時々の、現場の記録の提示がどうしても必要だと考えたからだ。やや煩瑣になるほど現場の記録を入れてきたのは、右の理由による。

前巻では、「あとがき」に参考になる若干の資料をあげておいたが、今回それはない。猿田彦さんにお尋ねしたところ、書かれているものの中には何もないとの返答があったからだ。

神霊は、霊界の切り替わりをさかんに伝えてきている。最近の日本に関していえば、江戸時代に富士講の食行《じきぎょう》身禄《みろく》が切り替わり宣言を行ったのを皮切りに、明治維新を中心とする切り替わりがあり、太平洋戦争を中心とする切り替わりがあった。今回は、この明治維新から先の大戦までの間につくりあげられてきた膨大な虚構を更地にもどすような、大がかりな切り替わりが要求されている。どうやらそれは、世界規模の一大切り替わりと連動したものらしい。

諸霊から書くようにと尻を叩かれている内容の一合目あたりまでは、一・二巻を通じてたぶん近づくことができた。けれども先は長い。われわれは、伝える作業を続ける。そこから先は、読者の判断にゆだねるのみだ。

二〇二四年十一月十一日

不二龍彦

【著者プロフィール】

不二龍彦（ふじ　たつひこ）

1952年、北海道生まれ。作家、宗教研究家。東洋思想、占術を含む民間信仰、神道・陰陽道・密教・修験道の呪術的方面などを専門に多方面で精力的に活動を続けている。『霊視の人　仏事編』『霊視の人　神事編』（以上、ナチュラルスピリット）、『新・日本神人伝　近代日本を動かした霊的巨人たちと霊界革命の軌跡』（太玄社）、『予知夢大全』（説話社）、『歴代天皇大全』（学研プラス）など著書多数。現在､隔月刊誌『岩戸開き』（ナチュラルスピリット）で「霊査の古代史」、月刊誌『ムー』で「日本神人伝」を連載中。

【霊媒プロフィール】

梨岡京美（なしおか　きょうみ）

1964年、大阪府生まれ。当代屈指の呼び声の高い霊能者。6歳の時、両親の離婚を機に高知の父方の祖父母に引き取られ、この頃から霊能力が顕現する。22歳の頃から強まる霊能力に苦しむも、当時相談した霊媒に40歳まで霊能力を封印される。その後、40歳を過ぎてから霊能の道に進むと評判が評判を呼び、相談が殺到。これまで悩める多くの依頼者の霊障問題などを解決してきた。現在、高知にある鴻里三宝大荒神社の代表･斎主も務めている。著書に『霊視の人　神事編』（ナチュラルスピリット）、『霊視でわかった神様・ご先祖様との正しい付き合い方』（ごま書房新社）がある。

霊査の古代史2　猿田彦編

道ひらきの神様の真実

●

2024年12月22日　初版発行

著者／不二龍彦

霊媒／梨岡京美

装幀／福田和雄（FUKUDA DESIGN）

編集／古川順弘

DTP／細谷 毅

発行者／今井博樹

発行所／株式会社 ナチュラルスピリット

〒101-0051 東京都千代田区神田神保町3-2 高橋ビル2階

TEL 03-6450-5938　FAX 03-6450-5978

info@naturalspirit.co.jp

https://www.naturalspirit.co.jp/

印刷所／モリモト印刷株式会社

ISBN978-4-86451-500-9 C0011

既刊書のご案内

全国の書店、インターネット書店でお求めになれます。

霊査の古代史1　天狗編

最高位天狗の顕現と警告

不二龍彦 著／梨岡京美 協力

A5判・並製／定価 本体 1500円+税

天狗の真実と、
地球の危機を伝えるメッセージ

スピリチュアル雑誌『岩戸開き』の人気連載「霊査の古代史」を、大幅に加筆して書籍化！『新・日本神人伝』の著者・不二龍彦氏と現代屈指の霊能力者・梨岡京美氏と、出版社社長・今井博樹が、全国の神社、古墳、聖地を霊査し、神々の真実と古代日本の歴史を明らかにする第一弾。天狗の真実に迫ります。天狗から伝えられたメッセージとは。

『岩戸開き』誌にて、「霊査の古代史」連載中！
（単行本と内容が多少異なります）